Wolfgang Gedeon

CORONA,
CRASH und
BÜRGERKRIEG

Auf dem Weg in eine globale Diktatur?

© 2020 by Author, erschienen im WMG-Verlag Rielasingen
W. Gedeon, Konrad-Adenauer-Str. 3, 70173 Stuttgart
Postfach 10 11 42, 70010 Stuttgart
info@wmg-verlag.de
www.wmg-verlag.de
Alle Rechte vorbehalten
Schriftart: Sabon
Printed in Germany
ISBN 978-3-982-25340-4

Wolfgang Gedeon

CORONA, CRASH und BÜRGERKRIEG

Auf dem Weg in eine globale Diktatur?

INHALTSVERZEICHNIS

EINLEITUNG

Corona – eine Pandemie
mit politischem Hintergrund

Was ist Corona? Ein großer Schwindel? Eine tödliche Gefahr? Irgendetwas dazwischen? Aber wo dazwischen?

Soviel ist gewiss: Staat und Politik treiben ein falsches Spiel. Mit Zahlen, die man beliebig durch die Anzahl der durchgeführten Tests manipulieren kann, verbreiten sie Angst und Panik. Hunderte Millionen gesunder Menschen sperren sie in Quarantäne, weil sie ja vielleicht krank werden könnten; und sie verordnen eine Maskenpflicht, mit der man vielleicht (!) ein paar Infektionen verhindert, gleichzeitig aber Millionen Gesunder krank macht.

Massive Überwachung, groteske Überregulierung – immer mehr Menschen empfinden das als Gesundheitsdiktatur. Merkel und Co. glauben, mit „Corona" alles rechtfertigen zu können, bis hin zu den schlimmsten Eingriffen in die Grundrechte der Menschen. Das Grundgesetz war einmal, jetzt gilt das Bundes-Infektionsschutz-Gesetz. Wie soll es weitergehen? Sollen wir den Corona-Terror geduldig ertragen oder sollen wir Widerstand leisten? Wer Letzteres tut, verharmlost nicht Corona, sondern verteidigt Freiheit und Demokratie.

Corona ist kein Wald- und Wiesenkeim. Vieles spricht dafür, dass das CoV2-Virus aus der chimärischen Viren-

Forschung US-amerikanischer und chinesischer Labors kommt. Es ist ansteckender als die meisten Influenza-Viren, die wir kennen, und es gibt Besonderheiten im Krankheitsverlauf, die wir ärztlich noch nicht genügend einschätzen können. Dies alles rechtfertigt aber nicht die offiziell betriebene Corona-Politik, die nicht rational und schon gar nicht wissenschaftlich ist. Hier werden Gesundheitsängste der Menschen missbraucht, um schier unglaubliche politische Zwangsmaßnahmen durchzusetzen.

Planen die politischen Strippenzieher von Wallstreet, UNO und WHO und ihre Ableger in Brüssel und Berlin den großen Staatsstreich gegen die Nationalstaaten? Wollen sie die Menschen im Sinne ihres neuen „Transhumanismus" zu nur noch biologischen Datenträgern einer digitalen Identität machen? Ist das Corona-Projekt der letzte große Schritt zu ihrer angestrebten Weltregierung?

Alles nur wirre Verschwörungstheorie oder doch eine tatsächliche Verschwörung, die zu verhindern heiligste Pflicht aller ist, die Mensch bleiben wollen?

Das vorliegende Buch hilft Ihnen, diese Frage zu beantworten. **Ich widme es allen, die mit ihm etwas anfangen können, die es weiter verbreiten und es zur Waffe im Kampf um die Wahrheit machen.** Denen, die mir bei der Herstellung geholfen haben, möchte ich an dieser Stelle herzlich danken!

Über den Autor

Ich bin Arzt und Politiker. 34 Jahre habe ich ärztlich gearbeitet, davon 30 Jahre als Facharzt für Allgemeinmedizin in eigener Praxis. Ich habe unter anderem tausende von Virus-Erkrankten behandelt und weiß im Gegensatz zu Drosten, Wieler und Co., wie Viren in der Praxis und im täglichen Leben anzugehen sind.

Als Politiker habe ich die AfD wesentlich mit aufgebaut und geprägt, halte sie inzwischen aber nicht mehr für wählbar – zumindest so lange nicht, als sie es nicht schafft, Meuthen, Weidel und ein paar andere politische Ungestalten aus der Partei zu schmeißen.

Derzeit bin ich fraktionsfreier Landtagsabgeordneter in Baden-Württemberg. Politisch stehe ich für eine radikale Opposition gegen Brüssel und Berlin, die nicht davor zurückschreckt, auch heilige Kühe der heruntergewirtschafteten Mainstream-Politik zu schlachten. Dies hat mir einige Hetz- und Rufmordkampagnen übler Elemente eingebracht. Die politische Wahrheit hat dadurch nicht gelitten, im Gegenteil!

Über die Struktur des Buches

Das Buch hat vier Abschnitte:

Im ersten analysiere ich, wie Corona politisch instrumentalisiert wird: Mit pseudorationalem Hygiene-Tamtam werden totalitäre Substrukturen aufgebaut und über eine Gesundheitsdiktatur wird eine politische Diktatur vorbereitet.

Im zweiten Abschnitt geht es um die politische Weltlage, die den Hintergrund der Corona-Krise bildet, insbesondere um den Gegensatz zwischen westlichem Supranationalismus und chinesischem Imperial-Nationalismus; also um die Frage: Wird sich das globale Wallstreet-UNO-EU-System durchsetzen oder der kommunistisch-totalitäre Staatsmoloch aus dem Reich der Mitte – oder haben wir noch die Chance, dass sich keiner von beiden durchsetzt?

Im dritten Abschnitt behandle ich die Wahrheitsdimension der Politik; also die Frage, ob Wahrheit nur ein mehr oder weniger störendes Beiwerk in der politischen Auseinandersetzung bildet oder ob sie eine entscheidende Waffe im Kampf um nachhaltige politische Macht sein kann. Auf jeden Fall beschwört der Kampf um die Corona-Wahrheit weltweit eine Entscheidungsschlacht herauf. Wer sich durchsetzt, wird für viele Jahre die globale Politik bestimmen.

Im vierten und letzten Abschnitt geht es um strategische Fragen in Deutschland, um die Rolle der Linken und der AFD, und vor allem um die Frage: Ist ein Bürgerkrieg in Deutschland noch zu verhindern, und wenn nein: Wie wird er in etwa aussehen und wie sollte man sich positionieren?

I. DER MEDIZINISCHE ASPEKT

Falsche Begriffe, falsche Zahlen!

Der Schwindel fängt bei den Zahlen an. In den Nachrichten, überall spricht man von „Infektionszahlen", aber tatsächlich ist es nicht die Zahl der Infektionen, die angegeben wird, sondern die Zahl der positiven Testergebnisse – und das ist nicht das Gleiche! Denn die verwendeten Tests sind für den Nachweis von Covid-19-Viren nicht ausreichend validiert und produzieren zahlreiche falsch-positive Ergebnisse. Renommierte Quellen wie das *Deutsche Ärzteblatt* oder die angesehene medizinische Fachzeitschrift *Lancet* sprechen von bis zu 50 % falsch-positiven Testergebnissen. „falsch-positiv" bedeutet: positiv getestete Patienten sind in Wirklichkeit nicht infiziert. Wieler, der Chef des RKI (Robert Koch-Institut), und Co. sagen nun, die kritisierten Fehlerquoten der Tests seien falsch. Fragt man sie, wie groß die Zahl der falsch-positiven Ergebnisse tatsächlich sei, heißt es, man wisse es nicht. Wenn man es selbst nicht weiß, sollte man mit Vorwürfen an andere zurückhaltend sein!

Auch der von Christian Drosten entwickelte Test ist nicht ausreichend validiert und für die ärztliche Diagnostik eigentlich nicht zugelassen! Offensichtlich lag ihm bei Entwicklung dieses Tests nicht einmal ein Isolat des chinesischen Virus vor. Er äußert dazu selbst:

„Vor der Bekanntmachung öffentlicher Virus-Sequenzen aus Fällen mit 2019-nCoV **haben wir uns auf Berichte aus den Sozialen Medien verlassen,** in denen der Nachweis eines SARS-ähnlichen Virus angekündigt wurde. Deswegen haben wir angenommen, dass ein mit SARS in Verbindung stehendes CoV beim Ausbruch involviert ist."

Drosten hat also nach eigenem Bekunden seinen Test gemäß Angaben aus den sozialen Medien entwickelt! Dementsprechend muss er zugeben, dass er damit auch SARS 1-Viren erfasst, die 2003 in China eine Epidemie mit schweren Atemwegserkrankungen ausgelöst haben, und auch andere Viren, die beispielsweise in Fledermäusen etc. verbreitet sind. Drosten sagt, dies spiele keine Rolle, da mit SARS 1 derzeit ohnehin nicht zu rechnen sei und besagte Viren der Fledermäuse bislang nicht auf Menschen übergesprungen seien. Welch eine Argumentation! Woher weiß er überhaupt, was er noch alles als positiv testet, das mit SARS-CoV2-Viren nichts zu tun hat? Er kann nicht einmal unterscheiden, ob die von ihm festgestellte RNA von aktiven vermehrungsfähigen Viren oder nur von RNA-Fragmenten eines Genesenden stammt. Solche Fragmente finden sich noch 87 Tage nach Erstfeststellung der Infektion, wenn die Patienten schon längst genesen und nicht mehr ansteckungsfähig sind!

PCR-Tests à la Drosten sind diagnostisch unzuverlässig, weil sie zu unspezifisch sind. Die mitunter angegebene Spezifität von 98,6 % ist irreführend, weil sie im Vergleich zu virenfreiem Material und nicht zu Material mit anderen ähnlichen Viren festgelegt worden ist. Gerade das aber ist das Problem: **dass offensichtlich alle möglichen Corona-Viren erfasst werden und nicht nur die gesuchten SARS 2-Corona-Viren.** Der Präsident von Tansania hat sich den Spaß gemacht, solche Tests an verschiedenen, auch nichtmedizinischen Dingen auszuprobieren und hat dabei in allen möglichen Tieren und Pflanzen, sogar im Fruchtfleisch von Papaya-Früchten vermeintliche SARS-CoV2-Viren gefunden. Wie kann die WHO solche Tests weltweit empfehlen? Wie kann man auf Grundlage solcher Tests Millionen Menschen in Quarantäne sperren?

Fehlalarm 2006 und 2009

Es wäre nicht das erste Mal, dass Gesundheitsbehörden aufgrund unzuverlässiger Tests eine Pandemie ausgerufen hätten: z. B. 2006 eine Keuchhusten-Epidemie in Dartmore (USA).

Auch Wieler und Drosten spielten schon einmal bei einem großen Fehlalarm eine Rolle. Als die WHO 2009 eine Schweinegrippe-Pandemie ausrief, rührten die beiden kräftig die Panik-Trommel. Die Sache sei „schlecht gelaufen", so Drosten heute in einem seiner nächtlichen NDR-Interviews. Denn die Pandemie fand nicht statt und Millionen vorhergesagter Toter wurden nicht einmal krank. Es habe Kreuz-Immunitäten zu anderen vorher stattgehabten Grippe-Epidemien gegeben, klagte Drosten, so dass sich die Patienten als immun gegen die Schweinegrippe erwiesen und nicht erkrankten. Dass er hier von „schlecht gelaufen" spricht, weil die Pandemie ausgefallen ist und seine Kassandra-Prognosen nicht eingetroffen sind, zeigt, wes Geistes Kind er ist.

Ein Grundproblem bei allen Tests

Man muss wissen, dass auch sehr gut validierte Tests Fehler aufweisen, die im Testsystem selbst liegen. Merken wir uns zunächst einmal, dass es bei solchen Tests auf Sensitivität und auf Spezifität ankommt. „Sensitivität" bedeutet: Wie empfindlich ist ein Test, wie viel Prozent der tatsächlich Infizierten erfasst er? *Bei wie vielen Probanden ist er negativ, obwohl sie infiziert sind.* Die Sensitivität gibt indirekt an, wie viel Prozent falsch-negative Ergebnisse ein Test liefert.

Bei der Spezifität dagegen geht es um die Frage: Bei wie viel Prozent der Getesteten ist der Test positiv, obwohl sie tatsächlich nicht infiziert sind. Hier geht es um die Zahl der falsch-positiven Ergebnisse. Machen wir mal ein Gedankenexperiment: Wir haben 1.000.000 Menschen, von denen niemand eine Corona-Infektion hat. Nehmen wir nun einen sehr guten Test – mit einer Sensitivität von 100 % und einer Spezifität von 99 %, die (fälschlicherweise) den üblichen Viren-Nachweistests (*PCR-Tests*) zugeschrieben wird! Wir bekämen, wenn wir alle testen würden, 10.000 (= 1 %) positive Testergebnisse, obwohl kein einziger infiziert ist. Auf 80 Millionen Deutsche hochgerechnet, fände man so bei 800.000 Menschen SARS 2-Corona-Viren, auch wenn kein einziger von ihnen von den Viren infiziert wäre!

Noch grotesker mutet folgendes Beispiel aus dem Internet an: Ein Schwangerschaftstest habe eine Spezifität von 99,5 %. Wir testen damit eine Million Männer und stellen fest, dass 5.000 von ihnen schwanger sind – und das mit bestvalidierten Schwangerschaftstests!

Nun können wir im Corona-Fall davon ausgehen, dass wir tatsächlich eine mehr oder weniger große Zahl Corona-Infizierter in Deutschland haben; je mehr Infizierte, desto weniger falsch-positive Ergebnisse. Bei 100 % tatsächlich Infizierten hätten wir also 0 % falsch-positive Ergebnisse. Das klingt für den Laien komisch, ist aber, wenn man es in Ruhe durchdenkt, völlig logisch. Je niedriger die Durchseuchungsrate, je weniger Corona-Infizierte wir in Deutschland haben, desto mehr falsch-positive Ergebnisse liefern die Tests.

Der grosse Unterschied zwischen „Infizierten" und „Erkrankten"

Zu diesem grundsätzlichen Problem aller Tests kommt bei Covid-19 noch Folgendes entscheidend hinzu: *Nicht jeder, der vom Virus infiziert ist, erkrankt.* Bei Corona rechnet man insgesamt mit nur 15 % Erkrankten, wie das schon bei der Masseninfektion von Ischgl festgestellt worden ist. Bei den übrigen 85 % treten keine Symptome auf, vor allem nicht bei Menschen ohne Vorerkrankungen und bei jüngeren Personen. Ihr Immunsystem setzt sich unmerklich mit dem Virus auseinander und entwikkelt eine mehr oder weniger starke Immunität dagegen. Früher nannte man das „stille Feiung". Diese ist wichtig, damit eine Gruppe oder ein Kollektiv eine sog. Herdenimmunität entwickelt. Es ist Unsinn, hier von einer „Dunkelziffer" zu sprechen und dabei so zu tun, als wäre das schlimm – im Gegenteil: Nur wenn ein ausreichend großer Prozentsatz – in der Regel 60 bis 70 % – genügend Antikörper entwickelt hat, wird eine Massenausbreitung (Epidemie) in einer Bevölkerungsgruppe verhindert. Eine natürlich entstandene Herdenimmunität ist jeder noch so guten Impfung überlegen und hält in der Regel deutlich länger an als diese.

Um eine Seuche zu überwinden, muss sich ein Kollektiv mit dem verursachenden Erreger intensiv auseinandersetzen. Wenn dies durch totale Quarantäne verhindert wird, indem schon der alltägliche normale

Mikrobenaustausch zwischen Gesunden unterbunden wird (*social distancing*), zieht sich eine Epidemie endlos hin, und es kommt zu ständig neuen Infektionswellen. Schulen, Sportvereine etc. sollten in diesem Sinn Zentren bei der Entwicklung von Herdenimmunität sein!

Was bedeutet „Positivrate"?

Wenn in den Medien immer nur von „Infektionszahlen" gesprochen wird, ist das – das sollte nun jedem einleuchten – ein Schwindel. Dieser wird dadurch gekrönt, dass man nicht einmal angibt, wie viele Tests man insgesamt durchgeführt hat, sondern nur die Zahl der positiv Getesteten verkündet. Wenn man wissen will, wie gefährlich eine Seuche ist, muss man aber wissen, wie viele Tests positiv und auch wie viele negativ waren. Wenn wir 100 positiv getestete Personen haben, aber nicht sagen, wie viele Personen wir insgesamt getestet haben, besagt das gar nichts. 100 positive Tests bei 100 durchgeführten Tests wäre ein gefährliches Signal, aber 100 positive Tests bei 100.000 durchgeführten bedeuten ein Promille Infizierter, was weit weniger dramatisch wäre. Wir müssen also Verhältniszahlen angeben, genau genommen die sog. Positivrate: Wie viele Tests waren positiv von wie vielen insgesamt.

Um eine eindeutige epidemiologische Aussage über die Verbreitung einer Krankheit in einem bestimmten Gebiet zu machen, müsste man statistisch noch präziser vorgehen und eine zufällig ausgesuchte Stichproben-Gruppe aus dem definierten Gebiet bilden. So wird das im Übrigen bei allen Umfragen der Meinungsforscher gehandhabt!

Auch das RKI hatte von Mitte Februar bis Mitte April so eine sog. „Sentinel"-Gruppe mit ca. 1.100 Personen geführt. Die Zahl der positiv Getesteten lag zwischen 2 und 12, was einer Verbreitung von 0,2 bis 1,2 % entsprach. Mitte April hat man die Gruppe aufgelöst, weil die Zahl der positiv Getesteten in der Gruppe auf 0 (Null!) zurückging.

All das sollte man wissen, wenn man von „Infizierten-Zahlen" spricht. Aber die Medien kümmern sich einen feuchten Kehricht darum, und dies sicherlich im Einvernehmen mit der Regierung und dem RKI. Man jongliert mit den Zahlen und präsentiert sie so, wie es politisch gewünscht ist. Im August 2020 beispielsweise stieg die „Zahl der Infizierten" wieder deutlich an. Man begründete damit die Einführung von Zwangsuntersuchungen bei Reiserückkehrern. Die entscheidende Tatsache aber, dass man auch die Zahl der Tests deutlich erhöht hatte, wurde verschwiegen. Genauso war man schon im März 2020 vorgegangen. Die Infizierten-Zahlen hätten sich verdreifacht, verkündete man alarmistisch, um dann am 23.3. 20 den vollständigen Lockdown auszurufen.

Tatsächlich war zwar die Zahl der positiven Ergebnisse von 8.000 auf 24.000 angestiegen, aber auch die Gesamtzahl der durchgeführten Tests hatte man von 130.000 in der 11. Kalenderwoche auf ca. 350.000 in der 12. Kalenderwoche erhöht! Wenn man dreimal so viele Tests macht, bekommt man auch dreimal so viele positive Ergebnisse – auch wenn sich an der Verbreitung des Virus überhaupt nichts geändert hat! Die relative Infizierten-Zahl, auf die es ankommt, war in beiden Wochen gleich.

Dennoch rief die Regierung den allgemeinen Lockdown aus, weil sich die Infizierten-Zahl ja verdreifacht hätte. Auf den ersten Blick hat man damit nicht einmal gelogen. Beim zweiten Hinschauen aber kann man die kolossale Irreführung erkennen!

Auch aus der sog. *R-Zahl*, an der sich die Regierung angeblich orientierte, war ersichtlich: Die Seuche hatte Mitte März ihren Höhepunkt überschritten. Es war betrügerische Zahlenakrobatik, mit der man die massivsten Eingriffe in die Grundrechte der Bürger, die je in der Bundesrepublik Deutschland stattgefunden haben, begründet hat.

Die neue, die „zweite Welle"

Das Spiel geht weiter, in die nächste Runde! Dass bei einem Procedere, in dem durch social distancing, Maskenpflicht und ähnlichen Zinnober Herdenimmunität nicht entwickelt, sondern blockiert wird, habe ich erläutert, und natürlich war die „Warnung vor einer zweiten Welle" fester Bestandteil der Regierungspropaganda von Anfang an.

Im August 2020 wiederholte man erst einmal den faulen Trick mit der Verdreifachung der durchgeführten Tests (auf 1.2 Millionen Tests pro Woche!) und verkaufte die Verdreifachung der positiven Testergebnisse erneut als Verdreifachung der Infizierten-Zahl.

Als sich dann mit zunehmend kälteren Temperaturen im September die allgemeine (saisonbedingte) Virenaktivität erhöhte, verkündete man fast triumphal, jetzt würde nicht nur die Anzahl der Tests, sondern auch die Positivrate der Tests ansteigen. Damit gestand man ungewollt den alten Betrug mit den erhöhten Testzahlen ein, tischte aber gleich den nächsten Betrug auf. Denn der jetzige tatsächliche Anstieg der Infizierten-Zahlen hat vor allem mit der Spezifität bzw. Nichtspezifität der Tests von Drosten und Co. zu tun!

Wenn Tests à la Drosten eine Vielzahl von Corona-Viren erfassen, dann natürlich auch die, die bei uns üblicherweise in der kalten Jahreszeit vorhanden sind, und das sind mindestens vier Corona-Stämme. Der neue Anstieg der positiv Getesteten dürfte also nicht nur (und wahrscheinlich nicht einmal hauptsächlich) durch SARS-CoV2, sondern durch alle möglichen anderen, nicht weiter spezifizierten Corona-Viren bedingt sein – von einem Betrug in den nächsten, und schon haben wir die große „zweite Welle", mit der unsere bundesdeutschen Politdilettanten die Daumenschrauben ihres Überwachungs- und Überregulierungsterrors gegen die Bevölkerung glauben weiter anziehen zu können! Interessant ist in diesem Zusammenhang ein Interview, das Drosten 2014 der Zeitschrift *Wirtschaftswoche* gegeben hat. Im Nahen Osten verbreitete sich damals eine MERS- Epidemie. (MERS = schwere viral bedingte Atemwegserkrankung). Die Infektionszahl stieg massiv an. Drosten kommentierte das seinerzeit wie folgt:

„Die Methode ist so empfindlich, dass sie ein einzelnes Erbmolekül des Virus nachweisen kann. Wenn ein solcher Erreger zum Beispiel bei einer Krankenschwester mal eben einen Tag lang über die Nasenschleimhaut huscht, ohne dass sie erkrankt oder sonst irgendetwas davon bemerkt, dann ist sie plötzlich ein MERS-Fall. Wo zuvor Todkranke gemeldet wurden, sind nun plötzlich milde Fälle und Menschen, die eigentlich kerngesund sind, in der Meldestatistik enthalten. Auch so ließe sich die Explosion der Fallzahlen in Saudi-Arabien erklären."

Damit liefert Drosten 2014 eine plausible Erklärung für den derzeitigen Anstieg der SARS 2-Zahlen. Heute freilich schweigt er zu diesem Thema und zeigt uns, dass er schon längst nicht mehr mit offenen Karten spielt!

An welchen Zahlen sollte sich eine vernünftige Politik orientieren

Wir wissen jetzt:

- Die in den Medien gemeldeten sog. Infektionszahlen sind keine Infektionszahlen, sondern Zahlen von positiven Testergebnissen.
- Sie geben auch nicht an, wie viele Menschen von den tatsächlich Infizierten erkrankt sind; und schon gar nicht, wie schwer sie erkrankt sind.
- Die angegebenen Zahlen sind keine Verhältniszahlen. Sie sagen nicht, wie viele Tests insgesamt durchgeführt worden sind. Deswegen geben sie keine Auskunft über die tatsächliche Verbreitung der Seuche.

Was das RKI und die beteiligten Medien hier betreiben, ist nicht Information, sondern Desinformation. Offensichtlich wollen sie die Bevölkerung in Angst und Panik versetzen. Wenn Politiker solche Zahlen zur Grundlage ihres Handelns machen, handeln sie grob fahrlässig. In vielen Fällen muss man von gezieltem Betrug sprechen.

Verantwortungsbewusste Politiker sollten sich nicht an diesen irreführenden „Infektionszahlen" orientieren, sondern an

1. der Zahl der wegen Corona ärztlich Krankgeschriebenen;
2. der Zahl der Corona-Krankenhauseinweisungen und der entsprechenden Bettenbelegung;
3. der Zahl der auf Intensivstationen liegenden Corona-Patienten, und nicht zuletzt
4. der Zahl der tatsächlich an Covid-19 verstorbenen Personen.

Über Corona-Tote und „Übersterblichkeit"

Hier muss man mit einem besonders üblen Schwindel-
manöver der Corona-Politik aufräumen: dass nämlich
jeder, der irgendwann einmal positiv auf SARS 2-Viren
getestet worden ist, als Corona-Toter in der Statistik geführt wird! Ein Beispiel für viele aus der Stadt Krefeld
vom 6. Juli 2020:

> „… obwohl es laut Feststellung des städtischen Fach-
> bereichs Gesundheit keinen neuen Todesfall in Zu-
> sammenhang mit Covid-19 zu verzeichnen gibt, muss
> die Zahl der Verstorbenen systemrelevant (?!) um
> einen Fall auf nun 23 heraufgesetzt werden, um die
> Statistik an die des Robert-Koch-Instituts anzupassen.
> **Grund ist, dass Personen, die einmal positiv auf das
> Corona-Virus getestet wurden und später versterben,
> grundsätzlich in dieser Statistik aufgeführt werden.**
> Im vorliegenden Krefelder Todesfall galt die Person
> (mittleren Alters und mit multiplen Vorerkrankun-
> gen), nachdem es mehrfach negative Testergebnisse
> gab, inzwischen seit längerem als genesen."

Warum geht man so vor? Inzwischen spricht man offi-
ziös von „an und mit Corona Verstorbenen". Auch damit werden keine wirklichen Informationen über die tatsächlichen Todeszahlen geliefert. In den meisten Fällen
sterben die Patienten an ihrer Grunderkrankung, sprich
Krebs, sprich Herzgefäßerkrankung, sprich Diabetes
usw. Das Virus ist Auslöser, aber nicht Ursache der Erkrankung bzw. des Todes. Wir haben jedes Jahr z.B.
durch gewöhnliche Atemwegserkrankungen weltweit
derzeit (9/20) zwei- bis dreimal mehr Tote (2,6 Millionen) als durch Corona, selbst wenn wir alle vermeintli-
chen Corona-Toten mitzählen.

Die wichtigsten Zahlen, die eine objektive Einschätzung der Seuchenlage ermöglichen, betreffen die Gesamtsterblichkeit (Mortalität) und die sog. Übersterblichkeit. Letztere gibt an, wie viel Menschen eines Landes in einem bestimmten Zeitraum mehr sterben als im entsprechenden Zeitraum der Jahre zuvor. 2018 sind bei uns in der Grippesaison beispielsweise etwa 25.000 Menschen verstorben, 2020 im gleichen Zeitraum aber nur 9.000. Wir hatten also bislang keinerlei Übersterblichkeit, sondern eine Untersterblichkeit. Die Grippewelle ist durch Corona sozusagen ausgefallen, und Corona hat die Gefährlichkeit der letzten Grippeepidemie von 2018 nicht erreicht, zumindest nicht in Deutschland und in vielen anderen Staaten.

Wenn man hier weiter recherchiert, stößt man auf ein schier unfassbares Chaos. Stefan Aust, Herausgeber der WELT, spricht von einem „Zahlenlabyrinth". Er musste erfahren, dass die Institutionen und Ministerien in Deutschland, die eigentlich zuständig wären, völlig diffuse Auskünfte gaben und dann immer auf das Statistische Bundesamt verwiesen. Entweder sind diese Beamten völlig inkompetent, dann müsste man sie rausschmeißen, oder sie wollen nicht sagen, was sie wissen, dann stellt sich die Frage: Warum? Was ist die politische Intention?

Aust selbst hat mit mehreren Mitarbeitern recherchiert und dabei relativ fundiertes Zahlenmaterial vorgelegt (WELT 8.9.20). Zunächst vergleicht er jeweils das erste Halbjahr 2017, 2018, und 2020 im Hinblick auf die Gesamtmortalität in Deutschland und stellt kaum einen Unterschied fest: 0,59 bzw. 0,6 bzw. 0,58 % – 2020 hat also sogar den niedrigsten Wert. Im Monatsvergleich ist der März 2018 am auffälligsten (107.104 Tote). Die Corona-

Spitzenwerte bei den Toten liegen deutlich darunter: 87.288 im März und 83.605 im April 2020.

Wenn man die deutschen Zahlen mit dem viel geschmähten Schweden vergleicht, fällt auf, dass dort die Mortalität insgesamt deutlich unter der deutschen liegt. Zwar ist im innerschwedischen Vergleich 2020 das schlechteste Jahr, aber die Mortalität liegt mit 0,48 % in 2020 immer noch deutlich unter der deutschen mit 0,58 % in 2020. Die schwedische Gesellschaft ist im Durchschnitt etwas jünger als die deutsche. Die schwedische Übersterblichkeit in 2020 war fast ausschließlich der Situation in den Altenheimen geschuldet. Dementsprechend lag das durchschnittliche Todesalter in Schweden bei 86 Jahren, also noch deutlich höher als bei uns (ca. 81 Jahre).

Die deutsche Politik bildet sich ein, die guten Zahlen in Deutschland seien das Ergebnis ihrer „Maßnahmen". Wenn man freilich in den Norden schaut, stehen Merkel, Spahn und Söder mit ihrem Corona-Terror ziemlich schlecht da, denn Schweden, wo es keinen Lockdown, keine Maskenpflicht etc. gab, hatte selbst im schlechtesten Monat (April 20) keine höhere Mortalität als Deutschland und war in allen anderen Monaten deutlich besser als wir.

Im Übrigen sind in den meisten vergleichbaren Staaten die Mortalitätszahlen auch unter Corona besser als in Deutschland, in Spanien und Portugal nur geringfügig, in Großbritannien, Niederlande, Österreich und auch USA (!) deutlich.

Die Zahlen der WELT scheinen gut recherchiert, zumal Vergleiche mit anderen Statistiken ähnliche Ergebnisse liefern, z.B. die Euro-Momo-Zahlen. Diese haben den Nachteil, dass sie nicht Gesamtdeutschland, sondern nur die Bundesländer Hessen und Berlin berücksichtigen.

Wie gefährlich ist das neue Corona-Virus?

Nimmt man die Letalität zum Maßstab, also die Frage: *Wie viel an Corona Erkrankte sterben daran?* – dann ist das SARS-CoV2-Virus (offizielle Bezeichnung) von mittlerer Gefährlichkeit. Es bedingt offiziell eine Letalität von 0,1 bis 0,3 %. Demnach wäre es wohl gefährlicher als das sog. Schweinegrippe-Virus (H1N1), aber nicht so gefährlich wie z.b. das Vogelgrippe-Virus (H5N1: laut WHO eine Letalität bis zu 60 %) oder das Ebola-Virus. Man kann Corona mit aggressiveren Varianten eines Influenza(=Grippe)-Virus vergleichen.

Wie ausgeprägt die Erkrankung auftritt, hängt von Cofaktoren ab, zunächst von Alter und Zustand des Immunsystems: je älter der Mensch, je schwächer sein Immunsystem, je mehr und je schwerer die Vorerkrankungen, desto gefährlicher der Krankheitsverlauf!

Unbestritten ist auch, dass die Qualität des Versorgungssystems, in dem die Seuche auftritt, die Ausbreitung des Virus und das Ausmaß der Erkrankung beeinflusst. Wenn Deutschland pro 100.000 Einwohner 30 Intensiv-Betten vorhält, Italien dagegen nur zwölf, werden sich in Italien schon dramatische Situationen abspielen, wenn in Deutschland noch etliche Betten leerstehen. Krankenwagen, die mit Blaulicht herumfahren und Betten für Schwerkranke suchen, gab es in Italien, Spanien und anderen europäischen Ländern auch bei früheren Grippeepidemien, nur hat sich damals niemand darum gekümmert.

Eine weitere Besonderheit in Italien ist, dass die Generationen noch mehr in einer Wohngemeinschaft leben als bei uns; dass also weniger Alte in Altersheimen untergebracht sind. Dies hatte bei Corona-Infektionen den Nachteil, dass Jugendliche und jüngere Erwachsene auch mit nur schwachen Symptomen die Älteren, die Großeltern, ansteckten, die dann daran verstorben sind. Das Durchschnittsalter der Todesfälle in Italien liegt dementsprechend bei 81 Jahren.

Nano-Verschmutzung und 5G-Netz – wichtige Cofaktoren bei der Corona-Erkrankung

Es gibt Einflussfaktoren auf die Corona-Erkrankung, die noch nicht genau abgeschätzt werden können, z. B. die Luftverschmutzung: sowohl die chemische wie die physikalische. Physikalisch ist es vor allem die 5G-Problematik, chemisch vor allem die sog. Nano-Verschmutzung („Nano dust"). Nanopartikel sind ultrakleine Teilchen (1 Nanometer = 1 Millionstel Millimeter!). In diesem Bereich liegt übrigens auch die Größe der Viren.

Die Nano-Verschmutzung ist medizinisch problematischer als die grobe Luftverschmutzung mit Staubpartikeln oder die Verschmutzung mit Stickoxiden (NO_X). Nano-Teilchen werden weder in der Lunge noch in den feinen Blutgefäßen (Kapillaren) abgefangen. Sie dringen direkt in die Organe ein, nicht zuletzt ins Gehirn. Das Ausmaß möglicher Gesundheitsschäden kann noch nicht beurteilt werden. Auf jeden Fall kommt es zu Durchblutungsstörungen (Mikrozirkulationsstörungen) mit funktionellen Störungen wie Kopfschmerz, Müdigkeit, Schlafstörungen, erhöhte Infektanfälligkeit usw. In deren Gefolge entwickeln sich organische Schäden wie Gerinnsel-Bildungen (Thrombosen) und anderes.

Dass starke Strahlen auf biologische Systeme wirken, z. B. Röntgenstrahlen, ist evident. Biologische Systeme registrieren aber auch kleinste Reize, und auch die Nicht-Registrierung, also die Abwehr solcher Reize kostet den Organismus Energien und ist für ihn ein ermüdender Prozess. Es ist dann eine Frage der Zeit, wann die Ermüdung in eine funktionelle Störung umschlägt. Wenn jemand über Monate und Jahre solchen Strahlungsreizen ausgesetzt ist, bekommt er – der eine früher, der andere später – solche funktionellen Störungen, die irgendwann in organischen Störungen enden. Man muss kein Arzt sein, um diesen einfachen Prozess zu verstehen, doch gerade bei den Ärzten gibt es viele, die solche Effekte von Feinreizen nicht wahrhaben wollen und nicht verstehen, dass sich viele kleine Reize in der Zeit zu einem großen schädlichen Reiz summieren.

Setzen Sie sich einmal unter einen tropfenden Wasserhahn, und zwar so, dass ständig ein Tropfen Wasser auf ihren Kopf fällt. Anfangs registrieren Sie das überhaupt nicht, im Laufe der Zeit wird es unangenehm, und irgendwann fangen Sie an zu schreien, weil Sie die Schmerzen, die bei jedem auftreffenden Tropfen entstehen, nicht mehr aushalten.

Wenn in einer Region also eine hohe Luft- und gerade auch Nano-Verschmutzung besteht, wie in manchen oberitalienischen Städten, oder auch ein ausgebautes 5G-Netz, wie in Wuhan, dann ist das für das Corona-Virus ein idealer Nährboden, um sein gesundheitsschädliches Potential zu entfalten. Medizinisch können wir von hochwirksamen pathogenen „Cofaktoren" sprechen.

Ist Covid-19 überhaupt eine Virenerkrankung?

Im Internet kursieren Theorien, Covid-19 sei keine Infektionskrankheit, sondern die Folge des mikrobiologischen Schadens, der durch 5G-Strahlung entstehe. Sie weisen darauf hin, dass Covid-19 erstmals in Wuhan aufgetreten sei und Wuhan die erste Millionenstadt sei, die vollkommen mit einem 5G-Funknetz ausgestattet ist. Des Weiteren berufen sie sich auf eine US-russische Studie, die wohl einen Zusammenhang zwischen 5G-Strahlung und Covid-19 beweist, aber mitnichten eine Ursächlichkeit zwischen beiden.

Angeblich würden durch 5G „antennenartige" Gebilde in den Oberflächenzellen der Haut entstehen, die dann die weitere Corona-Symptomatik auslösen. Ich halte dies für sehr, sehr spekulativ. Für Leute, die klinische Erfahrung mit der Behandlung von Virus-Erkrankungen haben, spricht alles dafür, dass 5G-Strahlung und andere Dinge (Nano-Verschmutzung …) bei Corona, wie bei allen Viruserkrankungen, zwar als Cofaktoren wirken. Grundsätzlich aber handelt es sich hier um ein viral-infektiöses Geschehen und nicht um ein radio-toxisches (5G) oder ein chemo-toxisches (nano dust).

Vor-Impfungen als Cofaktoren?

Es gibt immer noch viele offene Fragen in der Corona-Medizin:

- Kann bei Grippe-geimpften Patienten der PCR-Test positiv ausfallen, ohne dass eine Infektion mit SARS 2-Corona vorliegt?
- Hängt die Schwere auftretender Corona-Symptome eventuell davon ab, wie viele Menschen in der be-

treffenden Region gegen Grippe geimpft sind: je mehr Grippe-Geimpfte, desto schwerer die Erkrankung? In Ländern wie Litauen und anderen, die eine geringe Grippeimpfrate haben, sei die Symptomatik harmloser gewesen als in Ländern, die eine hohe Grippeimpfrate haben, z. B. in Schweden oder den USA (laut einer Universitätsstudie aus Michigan)?

- Hat in Bergamo, wo Corona besonders gewütet hat, eine dort zuvor durchgeführte Massenimpfaktion gegen Meningokokken – ca. 34.000 Impfungen wurden durchgeführt – eine Auswirkung auf den Ausbruch der Corona-Seuche gehabt? Wenn ja: Können Meningokokken- oder andere Impfungen die Entwicklung schwerer Corona-Symptome fördern? Oder lag es nur am Zeitpunkt der Impfung, dass nämlich die Impfaktion unglücklicherweise mit dem Auftreten der ersten Corona-Erkrankungen zusammenfiel?

Gibt es vielleicht gar keine Viren?

Es gibt nicht wenige Impfgegner, die das meinen. Was wir als „Viren" bezeichnen, sei nur Zellschleim, der als Abbauprodukt bei verschiedenen biologischen Reaktionen entstehe. In der Tat bedeutet das lateinische Wort Virus zunächst einmal nur „Schleim", nicht mehr. Es wird also bestritten, dass Viren grundsätzlich als infektiöses Agens bei der Auslösung von Krankheiten eine spezifische Rolle spielen oder zumindest spielen können.

Solche Vorstellungen kommen vielfach aus dem Umfeld der anthroposophischen Medizin Rudolf Steiners. Sie liefern, auch in anderen Fällen, mitunter interessante neue

Gesichtspunkte bei der Erforschung von Krankheitsphänomenen. Wenn man sie aber zur Regel macht, anstatt zur Ausnahme von der Regel, stellen sie die Dinge auf den Kopf und führen zu abwegigen Schlussfolgerungen.

Die offizielle Virologie hat fundamentale Lücken, deren sie sich vielfach nicht bewusst ist. Man weiß zwar, dass Viren im Gegensatz zu Bakterien keinen eigenen Stoffwechsel haben, aber man handelt so, als wären sie nur kleinere Bakterien. Damit kann man sich viele virologische Reaktionen nicht ausreichend erklären. Insbesondere kann man die Kochschen Infektionskriterien nicht 1 : 1 auf die Wirkungsweise von Viren übertragen. Deren infektiöse Wirkung ist indirekter und in höherem Maß von Cofaktoren, auch von Co-Bakterien, abhängig als die der Bakterien. Das hat schon in der HIV-AIDS-Diskussion eine Rolle gespielt und tut es jetzt wieder bei Corona.

Ich habe mich als Arzt auch im wissenschaftlichen Rahmen intensiver mit diesen Problemen beschäftigt. Insbesondere geht es um das noch sehr unerforschte Verhältnis zwischen Bakterien und Viren: Wie verändern Viren die Bakterien, und wie die Bakterien die Viren? Am tiefsten ist meines Erachtens der Berliner Zoologie-Professor Günther Enderlein in die Materie eingedrungen.

Interessierte Ärzte sollten sich mit dessen Theorien zur Cyclogenie und zum Pleomorphismus der Mikroben beschäftigen, die er Anfang des 20. Jahrhunderts an der Berliner Charité entwickelt hat. Das vorliegende Buch ist aber vor allem ein politisches, weshalb ich auf diese medizinische Problematik nicht weiter eingehe.

Es gibt also sicherlich Fälle „viraler" Erkrankungen, bei denen Viren keine oder zumindest nicht die wesentliche Rolle spielen. Davon aber abzuleiten, es gäbe über-

haupt keine Viren und insbesondere keine krankheitser-
regenden Viren, ist Unsinn und blockiert jede vernünf-
tige Kritik an der offiziellen Virologie.

Ist die schwedische Anti-Corona-Politik gescheitert?

Die Antwort habe ich schon gegeben. Schweden hat auf
Aufklärung und Freiwilligkeit seiner Bürger gesetzt und
praktisch nur Grossveranstaltungen behördlich verboten.
Damit hat es sich sozial und wirtschaftlich – von der Politik reden wir gar nicht – einiges erspart!

Wirtschaftlich dürften sich die Folgen, insbesondere
auf kleine Geschäfte und den Mittelstand, nicht annähernd so dramatisch auswirken wie bei uns in Deutschland. Dadurch, dass eine normale Kommunikation zwischen Gesunden und vor allem innerhalb der Jugend
(Kindergärten, Schulen usw.) möglich war, fand eine
ausreichende natürliche Auseinandersetzung mit dem
Virus statt. Das wird sich langfristig auf die Herdenimmunität in Schweden auswirken und lässt im Hinblick
auf zweite, dritte und Dauerwellen die Schweden vor-
aussichtlich besser aussehen als uns in Deutschland. Gerade Beispiele wie Israel und Spanien zeigen, dass ein besonders radikaler und früher Lockdown zwangsläufig
weitere epidemische Wellen hervorruft.

Vergleichen wir die Übersterblichkeit in Schweden mit
den Zahlen der radikalen Lockdown-Staaten: In Frankreich und USA ist sie nicht günstiger, und in Italien, Spanien, Belgien und Großbritannien deutlich ungünstiger!
Dabei durften in Spanien selbst Kinder sieben Wochen
lang ihre Wohnung nicht verlassen, ja nicht einmal den eigenen Garten betreten! Brutaler geht der Lockdown
nicht!

Wenn wir Wert und Sinn von Lockdown und ähnlichen Maßnahmen beurteilen wollen, müssen wir vergleichen und schauen, was sie dort gebracht haben, wo sie massiv eingesetzt wurden. Viel, wenn überhaupt etwas, kann es nicht gewesen sein. Schon gar nicht so viel, dass es die wahnwitzigen sozialen, wirtschaftlichen und politischen Verwerfungen und die zusätzlich entstandenen Gesundheitsschädigungen rechtfertigen könnte!

Vergleicht man die Corona-Übersterblichkeit Schwedens mit der der Nachbarländer, so liegt sie höher als in Finnland und Norwegen. Die Gesamtsterblichkeit ist allerdings in Schweden deutlich niedriger als in Finnland und Norwegen, so dass die Gesamtsterblichkeit, wie schon dargestellt, nicht größer ist als in anderen Staaten.

Insgesamt ist die liberale Corona-Politik in Schweden mitnichten gescheitert. Im Hinblick auf wirtschaftliche Schäden des Mittelstands wie auch auf die Entwicklung einer Herdenimmunität (weitere epidemische Wellen) kann man optimistischer in die Zukunft schauen als bei uns. Das BIP (Bruttoinlandsprodukt) ist z. B. im zweiten Quartal 2020 EU-weit um 12,1 %, in Deutschland um 10,1 %, in Schweden nur um 8,6 % geschrumpft.

Natürlich darf das schwedische Modell aus deutscher Sicht nicht gut ausgehen, hieße es doch: All die drastischen Maßnahmen der deutschen Politik, vom wirtschaftlichen Kahlschlag bis zum politischen Terror, waren unverhältnismäßig **und** nicht notwendig und womöglich gar Amtsmissbrauch und staatliche Kriminalität!

Quarantäne und Probleme der Ansteckung

Eine der Besonderheiten des Coronavirus sei, dass schon symptomfreie Infizierte das Virus übertragen und andere damit über Schmier- oder Tröpfchen- bzw. Aerosol-Infektion anstecken könnten. Das behauptet Herr Drosten, wobei er sich vor allem auf Kasuistiken (Einzelfallbeispiele) beruft – peinlich, dass sich ausgerechnet seine Kronzeugin, eine chinesische Geschäftsfrau aus München, als Reinfall entpuppte. Mehrere Mitglieder einer bayerische Firma hatten sich über sie infiziert. Dabei hatte sie zunächst angegeben, selbst keine Symptome gehabt zu haben. Eine spätere Recherche ergab, dass sie sehr wohl stärkere Symptome hatte, diese aber durch Medikamente unterdrückte. Derartige Falschaussagen dürften angesichts zunehmender Pogromstimmung gegen „Infizierte" immer mehr die Regel und damit inhaltlich wertlos sein.

Wo ist belegt, dass infizierte, aber symptomfreie (also „gesunde") Menschen andere anstecken können. Herr Drosten beruft sich auf eine eigene Studie, die er allerdings auf vielfache Kritik erst einmal zurückziehen musste. Seine statistischen Methoden seien eher grob gewesen, sagt er. Die Studie wurde dann von Leuten aus seiner Umgebung überarbeitet: Man habe, so heißt es darin, bei Kindern Virusmengen gefunden, die für eine Ansteckung „wahrscheinlich" (!) ausreichen.

Man hat also nicht in einer *ärztlichen* Studie überprüft, ob tatsächlich Infektionen stattgefunden haben, sondern in einer *virologischen* Studie nur die vorliegende Viren-Menge („Viruslast") registriert und dann theoretisch erörtert, ob diese für eine Infektion ausreichen könnte oder nicht. So eine Studie ist für die praktische Medizin und erst recht für die Politik völlig unbrauchbar.

Das Resümee dieser Studie lautet dann:

„Wir **schlussfolgern**, dass ein erheblicher Anteil infizierter Personen aller Altersgruppen – auch unter de-

nen mit keinen oder milden Symptomen – eine Virus-last trägt, die **wahrscheinlich Infektiosität** bedeutet",
schreiben die Forscher um Drosten.

Man beachte auch hier wieder das Wort „wahrschein-lich"! Auf der Grundlage solch windelweicher Studiener-gebnisse und nicht zuletzt des Bauchgefühls von Herrn Drosten werden Millionen Menschen in Quarantäne ge-schickt! Dass *Kranke* mit Infektionen in Quarantäne iso-liert werden, ist mitunter notwendig. Dass dies aber in großem Maß mit *Gesunden* geschieht, ist ungewöhnlich und ein bedrohliches Symptom für das, was sich vor un-seren Augen als Gesundheitsdiktatur entwickelt.

Womit will man Quarantäne-Maßnahmen bei Gesun-den rechtfertigen? Sie *könnten* sich angesteckt haben, sagt man. Aufgrund einer bloßen Vermutung? Eigenes Beispiel: Jemand macht Urlaub in Kroatien. Als er los-fährt, war das noch kein „Risikogebiet". Dann macht man es willkürlich zu einem solchen (bei einer Sieben-Tage-Inzidenz von 36!). Der Urlauber kommt am Sonn-tag zurück, muss sofort in häusliche Quarantäne. Am Montag der Test. Das Ergebnis soll in zwei Tagen da sein. Ist es aber nicht, es dauert drei. Ab Donnerstag Mittag ist die Quarantäne beendet, da der Test negativ war. Also Quarantäne von Sonntag bis Donnerstag bei völlig gesunden Menschen und das millionenfach. Sie „könnten" infiziert" sein – eine wahnwitzige Übersteige-rung des gesamtgesellschaftlichen Sicherheitsbedürfnis-ses zu Lasten der individuellen Freiheitsrechte von Mil-lionen. Eine solche Schieflage kennen wir von China, und so etwas nennt man bekanntlich „Diktatur".

Hinzu kommt, dass Quarantäne Einschränkung von Bewegungsfreiheit bedeutet und damit Bewegungsman-gel und weniger frische Luft und Sonne – gerade das, was für die Vorsorge gegen Infektanfälligkeit besonders wichtig wäre!

Polizeistaatliches Vorgehen

In Mamming hat man das gesamte Bauerngehöft, in dem Corona-positive Tests festgestellt wurden, mit einem Bauzaun umgeben und von einem Wachdienst abschotten lassen. Dabei hat man test-positive und test-negative Personen zusammengesperrt, was, wenn die eigene Logik stimmt, dazu hätte führen müsssen, dass weitere vorher test-negative test-positiv wurden. Dies war aber nicht der Fall.

Wie auch immer: Noch schwerwiegender als die medizinische Seite ist die politische. Die Freiheit der Person ist eines der höchsten Menschenrechte unserer Verfassung. Eine Arrestierung (Ausgangssperre) stellt die einschneidendste und schärfste Maßnahme unseres Strafrechts dar. Um solche Maßnahmen gegen die Grundrechte zu rechtfertigen, bedürfte es ganz anderer Situationen als der, die wir haben. Da müssten Leichen auf den Straßen liegen, da müssten Ebola oder Pest oder Ähnliches mit Hunderten von Toten am Tag wüten! Dann kann man so etwas rechtfertigen. Aber was haben wir?

Tönnies

Nehmen wir den Fall Tönnies, als Quasi-Katastrophe präsentiert und wochenlang medial ausgeschlachtet: 1873 Infizierte insgesamt, von denen 99 Fieber bekamen und 31 ins Krankenhaus mussten. Kein einziger ist gestorben! Also 31 stationäre Behandlungen und kein Todesfall – so etwas rechtfertigt nicht einmal die Erwähnung in der Tagesschau! Das ist Unverhältnismäßigkeit, das ist Panikmache, das ist entsetzlich!

Maskenpflicht

Neben der Quarantäne gilt die Maske als weitere wichtige Waffe gegen das Virus. „Mund-Nasen-Schutze" (man beachte den Plural) „verringern das Risiko einer Corona-Virusinfektion, das bezweifelt kein seriöser Wissenschaftler mehr", so der SPIEGEL 34/20.

Das gilt freilich noch nicht so lange, denn Anfang des Jahres war sich die Spitze unserer Wissenschaft (Drosten, Wieler) bis zur höchsten Politik (Merkel) darin einig, dass Masken nur schaden würden, dass sie sogar „Virenschleudern" seien, besonders, wenn man sie nicht richtig abnehme. Jetzt also das Gegenteil, ohne dass man uns mitteilt, was denn in der Zwischenzeit Frappierendes passiert ist, um all unsere „seriösen Wissenschaftler" zu einer solchen 180°-Wende zu bewegen! Gibt es irgendeine Studie, die einen positiven Langzeiteffekt der Maskenpflicht beweisen würde? Oder hat es eine Rolle gespielt, dass in der Zwischenzeit das Robert-Koch-Institut (RKI, Wieler), die Charité (Drosten), aber auch der SPIEGEL erhebliche Summen aus der Bill Gates-Stiftung erhalten haben; der SPIEGEL sogar zweieinhalb Millionen US-Dollar. So etwas kann ja auch die Beurteilung einer Maskenpflicht beeinflussen.

Fragwürdige Studie

Nun, Drosten ist Wissenschaftler, und da hat er natürlich eine Studie. Ob er noch andere Studien hat, sagt er nicht. Aber mit der, die er anführt, eine solche 180°-

Wende zu begründen, ist abenteuerlich: eine dänisch-deutsche Universitätsstudie, die die Pandemie-Entwicklung in Jena, wo man schon am 6. April die Maskenpflicht anordnete, einem „synthetischen" Jena ohne Maskenpflicht gegenüber stellt. In einem zweiten Schritt vergleichen die Forscher die Fallzahlen in den Städten und Kreisen, welche die Maskenpflicht zum 22. April eingeführt hatten, mit denen der Städte und Kreise, welche sie erst zum 27. April oder später einführten. In beiden Fällen hätten sich beeindruckende Unterschiede ergeben, sagt Drosten.

Man stelle sich vor: die Beobachtung einer einzigen Stadt (Jena) und dann ein Vergleich mit einem „synthetischen Jena" – welch unreales Theorie-Konstrukt! Dann noch ein Vergleich einiger anderer Städte, die im Abstand weniger Tage später jeweils die Maskenpflicht eingeführt haben! Welche Zahlen hat man dabei verwendet: die sog. Infektionszahlen des RKI oder vielleicht doch statistische Stichproben; oder wenigstens Test-Positivraten? Offensichtlich wieder die übliche „eher grobe Statistik" des Herrn Drosten – und auf Grundlage einer solchen Stümperei wird Millionen Menschen so ein Gesichtslappen verpasst?

Milliarden für Masken

Unsere Regierung, allen voran der Herr Spahn, will jetzt insgesamt sieben Milliarden Euro für die Beschaffung von Masken ausgeben. Bis Ende 2021 hat sich der Minister ca. 4,2 Milliarden OP-Masken vertraglich gesichert – so viele, dass man erst einmal gar nicht weiß, wohin damit und deshalb 250 Millionen Masken im Wert von rund 275 Millionen Euro an arme Staaten verschenkt, weil das das Wichtigste ist, was die jetzt brauchen!

Rechtzeitig initiierte Spahn auch eine Werbekampagne für sage und schreibe zehn Millionen Euro, damit an 370 Tankstellen und auf 60.000 Monitoren in Elektromärkten, Friseursalons und Gaststätten Propaganda für die Maskenpflicht gemacht wird.

Es gibt Leute, auch „Wissenschaftler", die sich überrascht zeigen, dass sich die Menschen so schnell an die Maske gewöhnten. Wenn man freilich weiß, dass das Nichttragen der Maske derzeit (August 2020) in Thüringen 50 €, in Bayern 150 € und in Berlin sogar 500 € kostet, ist man sicherlich nicht mehr so überrascht. Söder will jetzt in ganz Deutschland 250 € (!) durchsetzen.

Was bedeutet die Maske medizinisch?

Die Maske beseitigt Viren nicht, sie verteilt sie nur örtlich und zeitlich anders: Befinden sich mehrere Individuen mit Masken in einem Raum, dann konzentrieren sich die Viren zunächst in der Luft unter und unmittelbar um die Maske herum. Die Luft *zwischen* den Menschen wird entlastet, die Luft unmittelbar um die Individuen herum dagegen umso mehr belastet; zumal die Viren sich in diesem Feuchtbiotop des bedeckten Nasenrachenraums zusätzlich vermehren. **Dabei wirkt die Maske umso schädlicher, je enger, je strenger und je länger sie getragen wird.**

Der eine oder andere Immunschwächling kann davon profitieren, aber solche Erfolge sind kurzfristig, denn ein absoluter Schutz vor Viren ist nicht möglich, so dass es den gerade Verschonten schon wenig später doch treffen wird. Auf der anderen Seite ist für Immungesunde der

Virenkontakt notwendig, um ihr Immunsystem zu trainieren und gesund zu bleiben! Auf mittlere Sicht aber ist die Maske für alle schlecht, mitunter sogar lebensgefährlich, und zwar aus folgendem Grund:

Frische Luft ist enorm wichtig gegen die Viren und für das Allgemeinbefinden, und gerade diese frische Luft fehlt ja unter der Maske. Nirgendwo ist die Luft so verbraucht und so schlecht wie unter der Maske: Sauerstoffmangel und massive Anreicherung von CO_2 (Hyperkapnie) führen schon bei Gesunden sehr schnell zu einer Verschlechterung der Atemfunktion, reduzieren die körperliche Leistungsfähigkeit und lösen subjektive Beschwerden wie Kopfschmerz, Kreislaufbeschwerden und anderes aus, die auf einen Sauerstoffmangel im Hirn hinweisen. Es gibt inzwischen Studien dazu, z. B. von der Uni Leipzig.

Man hat auch an anderer Stelle geforscht und z. B. den CO_2-Gehalt unter der Maske gemessen. In der normalen Luft ist der Gehalt 0,038 %; arbeitsmedizinisch wird eine kurzfristige Erhöhung bis 0,5 % zugelassen. Darüber hinaus ist CO_2 für die Gesundheit schädlich, ab 4 % gefährlich und ab ca. 8 % tödlich. Die unter der Maske gemessenen Werte (siehe YouTube z. B. Dr. Helmut Traindl) liegen schon nach kurzem Tragen bei 1 – 3 %!

Was heißt das? Wenn schon bei Gesunden, siehe oben, sich Atemfunktion und andere Parameter verschlechtern, was passiert mit Kranken z. B. Patienten mit einer Herzgefäßerkrankung? Unter normalen Alltagsbedingungen reicht die Sauerstoffversorgung für ihr Herz aus, aber mit Maske? Wenn unter der Maske der Sauerstoffgehalt absinkt, kann sich ab einem bestimmten Punkt die Herzsituation sehr schnell bis hin zu einem Infarkt verschlechtern. Das ist nicht Panikmache, das dürfte medizinisch unbestritten sein. Man kann schon heute von einer erheblichen Dunkelziffer von Herzkrankheiten ausgehen, die sich unter der Maske gefährlich verschlechtert haben. Das Gleiche gilt für alle chronischen Krankheiten, für Asthma und nicht zuletzt für Immunkrankheiten.

Die Schwächung des Immunsystems durch regelmäßiges Tragen von Masken wird dazu führen, dass die Menschen empfindlicher auf Infektionen reagieren und viele, die heute nur Corona-infiziert werden, aber nicht krank, dann tatsächlich krank werden und Symptome entwickeln.

Diese Dinge sind für alle einleuchtend, da muss man kein Arzt sein, um das zu verstehen. Wenn man nun dennoch eine Studie dafür verlangt, muss dies eine sein, die ein **Nutzen-Risiko-Verhältnis** untersucht. Da kann es nicht nur darum gehen, ob vielleicht kurzfristig ein paar Leute mehr test-negativ sind. Da muss ein Langzeiteffekt dokumentiert sein, und da müssen vor allem alle positiven und negativen Auswirkungen zueinander ins Verhältnis gesetzt werden. So etwas hat man aber nicht, und so soll eine fragwürdige Einzelstudie ausreichen, die den wesentlichen Aspekt des Problems überhaupt nicht berücksichtigt.

Man kann nicht, um ein paar sehr alte und sehr kranke Menschen eventuell für kurze Zeit vor einer Infektion zu schützen, in Kauf nehmen, dass Millionen Gesunde krank und Millionen Leichtkranker schwer krank werden. Wenn man nun hört, dass inzwischen als gesund geltende Schulkinder gestorben sind, bei denen die Belastung durch die Maske als Todesursache im Raum steht, ist es Zeit, gegen die Verantwortlichen strafrechtlich vorzugehen.

Man kann eine Maskenpflicht in U- und S-Bahnen akzeptieren, und natürlich auch in medizinischen Einrichtungen, wo das Infektionsrisiko besonders groß ist und die dort Arbeitenden besonders gefährdet sind. Alles, was darüber hinausgeht, insbesondere in Schulen und im Freien, richtet wesentlich mehr Schaden als Nutzen an. Wenn dies von der Regierung dann noch in rigoroser Weise mit hohen Geldstrafen durchgesetzt wird, ist das Nötigung und schwere Körperverletzung.

Ich empfehle unseren Schülern, gerade wenn sie sogar im Unterricht mit der Maske malträtiert werden, schöpferische Protest- und Boykottaktionen zu entwickeln und dafür zu sorgen, dass die hierfür Verantwortlichen alsbald kapitulieren. Widerstand gegen solch staatlichen Terror ist nicht nur legitim, sondern Schutz der eigenen Gesundheit und demokratische Pflicht!

Es ist interessant, dass Jens Spahn in letzter Zeit immer häufiger über mögliche Fehler seiner Corona-Politik philosophiert. Prophetisch verkündete er sogar, es werde bald die Zeit kommen, wo wir alle uns viel verzeihen müssten. Der Mann weiß, wovon er redet. Er sollte freilich wissen, dass der schwere Schaden, den er und seine Mittäter hier anrichten, ihnen allen nicht *ungestraft* verziehen wird.

Die Dämonisierung der Viren:
Ist SARS-CoV2 ein Staatsfeind?

Wissenschaftlich geht es um folgendes Problem: die konventionelle Virologie à la Drosten dämonisiert die Viren. Sie glaubt, das Beste für die Menschen wäre es, wenn man sie unter eine Glasglocke setzte und sie so jeglichem Angriff von Viren entzöge. Nachdem dies nicht möglich ist, sollte man einen Zustand anstreben, der dem der Glasglocke möglichst nahe kommt, und hier meint man, mit der Maske das Gelbe vom Ei gefunden zu haben.

Warum ist das wissenschaftlicher Unsinn? Weil der menschliche Organismus sein Immunsystem nur in der ständigen Auseinandersetzung mit Mikroben, gerade auch mit Viren entwickelt. Es gilt die alte paracelsische Regel, dass es auf die Dosis ankommt, ob etwas schadet oder nutzt. Ein intermediärer und diskreter Mikrobenreiz, gerade auch ein ständiger Kontakt mit Viren verschiedenster Art, schadet nicht nur nicht, sondern ist wichtig für die Entwicklung von Immunität, auch bei Corona. Die notwendige Herdenimmunität wird mit einer Maskenpflicht zusätzlich gestört und verzögert. Die Schweden haben das begriffen, die Deutschen noch nicht.

Wenn man schon Maske tragen muss, was z. B. bei Ärzten und anderem medizinischen Personal nicht zu vermeiden ist, muss man für ausreichende Zwischenpausen sorgen und die Maske mehrmals am Tag wechseln. Wenn man sich bei uns aber umsieht, welch schmuddelige Lappen da viele im Gesicht haben, dann ist das nicht nur unappetitlich, sondern ein zusätzliches Hygiene- und Infektionsproblem.

Weitere Folgen der Maskenpflicht

Zwangsneurotiker können jetzt aus ihrem Hygienewahn eine Tugend machen. Sie ernten, wenn sie die ganze Gesellschaft in ihre Neurose hineinziehen, sogar noch soziale Anerkennung.

Die Maske anonymisiert zwischenmenschliche Kontakte, macht sie kälter, empathielos. Nicht nur soziale Harmonie und Zwischenmenschlichkeit, das Menschliche selbst geht schleichend verloren – der Mensch auf dem Weg zum Roboter.

Ein Gutes hat die Sache vielleicht: dass auch multikulturelle Buntheit an Farbe verliert und der prima vista-Kulturschock, den man heute als noch normaler Europäer beim Anblick unserer Städte bekommt, etwas moderater ausfällt. Alle sehen mit ihrer Maske viel gleicher aus als vorher, und das Gefühl, dass hier zu viele herumlaufen, die nicht hierher gehören, verliert sich im Einheitsgrau der maskierten Gesellschaft.

Der ideologisch kultivierte Egalitarismus hat sich so auch äußerlich Bahn gebrochen, und die Burkaträgerin wird in der „neuen Normalität" zur Symbolfigur „europäischer" Werte!

Wenn man den Menschen das Gesicht nimmt, nimmt man ihnen wesentliche Ausdrucksmöglichkeiten ihrer Individualität. In Asien spielte Individualität nie eine große Rolle, von daher haben die Asiaten kulturell kein Problem, mit diesen Dingern im Gesicht herumzulaufen. In der europäischen Kultur dagegen bedeutet Gesicht zeigen, sich zu seiner Individualität zu bekennen: „mit offenem Visier"! Das ist nicht nur Psychologie, das ist mehr!

Mit der Maske wird der Wahn zum rituellen Kult, zur neuen Religion, zur alles beherrschenden Corona-Religion, der sich alle anderen bisherigen Religionen zu unterwerfen haben: Da fällt Ostern aus, was nicht einmal im 30-jährigen Krieg oder im Zweiten Weltkrieg geschah; da darf der Pfarrer nicht mehr zu den Sterbenden im Altenheim, da darf in der Kirche nicht einmal das Vaterunser mehr laut gebetet werden, und die Kirchenchöre dürfen nicht mehr zum Lobe Gottes singen, sondern müssen schweigen zum Lobe des neuen Gottes Corona.

Nicht zuletzt verändert Corona politisch unsere Welt. Corona ist eine zutiefst politische Religion, und der ritualisierte Maskenkult macht das noch deutlicher: Wie loyal verhält sich jemand zu unserem SYSTEM. Trägt er sogar auf dem Fahrrad die Maske oder wenn er allein durch den Wald geht? Verabschiedet er sich auf dem Flughafen von seiner Freundin gar mit einem Masken-Kuss? Dann ist er ein Kader für unser neues System, ein Hoffnungsträger, ein potentieller neuer Merkel!

Fragt einer aber ständig dumm herum, ob unsere Tests gut sind und was sie überhaupt anzeigen? Hinterfragt er womöglich unsere Zahlen, die wir jeden Abend liebevoll neu aufbereiten – als ob wir damit den Anspruch hätten, die tatsächliche Wirklichkeit abzubilden! Nein, diese Zahlen sollen nicht aufklären, sie haben eine viel wichtigere Funktion: Sie sollen ein neues Bewusstsein vermitteln, ein Corona-Bewusstsein, das wir brauchen, wenn wir die neue Normalität haben wollen, und die brauchen wir! Wenn wir die nicht bekommen – nicht auszudenken!

Also „Masken-Muffel" oder gar „Corona-Leugner – das geht gar nicht! Und die wollen auch noch demonstrieren, in Berlin! So etwas können wir uns wirklich nicht mehr leisten. Diese Rechtsradikalen müssen weg, und die Maske ist ein hervorragender Systemloyalitätstest, unser moderner Gessler-Hut, um die verkappten Aufrührer zu enttarnen.

Hände-Desinfektion und ähnlicher Unsinn

Neben Quarantäne und Maskenpflicht hat die Regierung Händedesinfektion in Lokalen und Geschäften angeordnet. Wie bei der Maske, war auch hier die Stellungnahme der Behörden am Anfang der Seuche noch relativ vernünftig: Man empfahl regelmäßiges gründliches Händewaschen, äußerte aber ausdrücklich, dass sterilisierende Substanzen nichts brächten. Nun hat sich auch hier die Meinung geändert, und überall stehen diverse sterilisierende Substanzen herum. Die meisten Leute desinfizieren wie wild nicht nur ihre Hände, sondern gleich ihre gesamte Umgebung damit. Warum ist das nicht nur unsinnig, sondern auch gefährlich?

Diese Substanzen sind im Wesentlichen für die Desinfektion von Sachen, also Türklinken, Waschbecken usw. geeignet, nicht für die Desinfektion der Hände. An der Haut werden nämlich vorwiegend die harmlosen Keime beseitigt. Die sind aber wichtig, weil sie die aggressiven und bösartigen Keime in Schach halten. Letztere werden durch die sterilisierenden Mittel nicht ausreichend erfasst und verbreiten sich dadurch umso mehr. Dies äußert sich dann in Hautentzündungen, Allergien, Neurodermitis usw. Nachdem die meisten sterilisierenden Substanzen in Sprayform verwendet werden, kommen sie als Aerosol auch in die Lunge, und dort wirken sie toxisch auf den gesamten Organismus. Sie verursachen je nach Menge und Dauer der Anwendung erhebliche Schäden bis hin zur Förderung von Krebserkrankungen (siehe z.B. Hamburger Umweltinstitut u.a.)

Was ist noch unsinnig am Corona-Kult? Zum Beispiel die Anwendung von Gummihandschuhen: Die Verkäufer fassen damit das Brot an und kassieren dann mit derselben Hand das Geld. Was soll das bringen? Das bringt nicht mehr, sondern weniger Hygiene, und viele Menschen, die diese Handschuhe ständig tragen müssen, bekommen Ekzeme und andere Hautkrankheiten – von dem unangenehmen Gefühl, das mit dem Tragen der Handschuhe verbunden ist, reden wir gar nicht.

Bagatellisierung oder Dramatisierung?

Derzeit (Okt. 2020) geht man weltweit von 35 Millionen Corona-Infizierten aus. Manche Epidemiologen schätzen jedoch, dass es 15 bis 30 mal so viele sind, also 300 Millionen und mehr. In vielen Ländern wird nämlich kaum getestet. Das klingt schlimm, ist es aber nicht. Bedeutet es doch, dass sich dadurch die verkündete Sterberate entsprechend auf ein Dreißigstel verringert.

Betrachten wir insgesamt Sterberate, Letalität und Übersterblichkeit, dann ist das Problem bei Corona nicht die Bagatellisierung, sondern die Dramatisierung durch Politik und Medien. Dabei ist „Dramatisierung" eigentlich das falsche Wort: Wer die Zahl der positiv Getesteten als Zahl der Infektionen oder gar der Erkrankten ausgibt; wer Menschen, die an allem Möglichen verstorben sind, nur nicht an Covid-19, als Corona-Tote auflistet, weil sie irgendwann ein positives Corona-Testergebnis hatten; wer so agiert, „dramatisiert" nicht, er betreibt „Fake-Information" und ist ein Betrüger!

Dennoch bin ich weit davon entfernt, die medizinische Seite des Corona-Problems zu bagatellisieren. Als Arzt weiß ich, dass manche Symptome latent, das heißt zunächst unsichtbar auftreten und sich organische Schäden noch Jahre nach der Erstinfektion zeigen können. So können Windpocken aus der Jugendzeit noch im Alter eine schwere Nervenentzündung (Zoster) verursachen. Dieses Problem gibt es im Übrigen auch bei Impfungen, die noch lange nach erfolgter Anwendung als Ursache chronischer Krankheiten wirken können.

Woher kommt das Virus?

Die offizielle Virologie geht davon aus, dass es sich bei SARS CoV 2 um eine natürliche Mutante eines Virus handelt, das sich ursprünglich in einem chinesischen Beuteltier eingenistet hatte. Bislang ist freilich nicht geklärt, wie die Mutante entstanden ist. Man vermutet eine Rekombination durch Coinfektion, dass also ein Virus ein anderes „infiziert" hat und dadurch ein neues entstanden ist. Weiter ist unbekannt, wie und wo der Sprung auf den Menschen stattgefunden hat. Der letzte Zwischenwirt vor diesem entscheidenden Sprung (vom Tier zum Menschen) ist nach wie vor unbekannt. Insofern ist die offizielle Theorie in entscheidenden Punkten noch sehr lückenhaft.

Es gibt aber auch ernstzunehmende Hinweise, dass die SARS 2-Mutante nicht in freier Wildbahn, sondern in einem menschlichen Labor entstanden sein könnte. So wurde unter anderem in einem Labor der Universität in Chapel Hill (North Carolina) und mutmaßlich auch in chinesischen Labors sog. chimärische Forschung betrieben: Man versuchte, harmlose Viren aus der freien Wildbahn humanpathogen, also schädlich für den Menschen zu machen, indem man den Viren künstlich genetische Sequenzen aus anderen, sehr bösartigen Viren einfügte. Über solche Forschungsarbeiten und -ergebnisse wurde 2013 in einer angesehenen medizinischen Fachzeitschrift (*Nature Medicine*) berichtet.

Es soll nun im amerikanischen Labor zu verschiedenen Zwischenfällen gekommen sein, wodurch mutmaßlich hochproblematisches Virenmaterial in die Außenwelt gelangte. Präsident Obama ließ daraufhin die Forschungsarbeit in diesem Labor einstellen. Der Leiter des Projekts und Chef der Nationalen Amerikanischen

Gesundheitsbehörde Dr. Anthony Fauci verlegte daraufhin das gesamte Forschungsprojekt, zusammen mit ein paar Millionen amerikanischer Dollars, in ein chinesisches WHO-Labor nach Wuhan. 2016 besuchte Fauci mit Barack Obama und Melinda Gates dieses Labor, wobei der US-Präsident großzügig noch einmal weitere fünf Millionen Dollar „für die Erforschung eines Virus" in diesem Labor springen ließ!

Präsident Trump wirft den Chinesen vor, dass durch einen Laborunfall eines dieser chimärischen Produkte Ende 2019 in die Außenwelt (Tiermarkt in Wuhan) gedrungen sei. Die chinesische Regierung ihrerseits macht die USA dafür verantwortlich, dass US-amerikanische Soldaten, die an der militärischen Sportolympiade in Wuhan im Oktober 2019 teilgenommen haben, das Virus in China eingeschleppt hätten.

Welche Version stimmt, bleibt offen. Es spricht aber einiges dafür, dass das neue SARS-CoV2-Virus ein Laborprodukt ist, entstanden in amerikanisch-chinesischer Kooperation. Eine Schlüsselrolle spielte wohl der auch in der WHO sehr rührige Dr. Fauci.

Sollte das neue Virus eine Labormutante sein, würde das die medizinische Problematik erhöhen. Wir hatten bereits eine solche Diskussion bei der Entstehung des HI-Virus bei AIDS. Erfahrungsgemäß haben natürliche Immunsysteme, wie auch das menschliche, größere Probleme, mit künstlich veränderten Produkten umzugehen als mit natürlich entstandenen. Im schlimmsten Fall könnte sich SARS 2 zu einem neuen endemischen Virus nach dem Muster des HIV entwickeln. Aber auch dann wäre der politisch-mediale Corona-Zirkus, wie er heute über UNO und WHO weltweit betrieben wird, medizinisch nicht adäquat und politisch nicht gerechtfertigt.

Das Problem der Immunität

Ob es sich um ein altbekanntes oder ein neues Virus handelt, ist für die Frage der Immunitätsbildung von großer Bedeutung. An der Uni Tübingen hat man das vor kurzem näher untersucht und festgestellt, dass die deutsche Bevölkerung in viel größerem Maße immun gegen das neue Coronavirus ist, als zunächst erwartet. Auffallend war, dass sich bei 81 % der Probanden, die keine Corona-Infektion hatten, dennoch Antikörper gegen das neue Virus fanden. Das hängt damit zusammen, dass unter den bei uns üblichen Grippeviren auch mehrere Corona-Varianten vorhanden sind. Durch Vorerkrankungen mit Grippe- und grippeähnlichen Viren haben also viele Menschen bei uns Antikörper entwickelt, die auch gegen das neue SARS 2-Virus wirken. So etwas nennt man *„Kreuzimmunität"*.

Dies dürfte auch einer der Gründe sein, warum insbesondere Kinder, die häufiger akute Infektionskrankheiten durchmachen, praktisch nie an Covid-19 erkranken. In der Gruppe der 6- bis 16-jährigen hat man in Tübingen bei 60 % der Probanden neutralisierende Antikörper gefunden, die als Herdenschutz wirken und eine Ausbreitung in dieser Altersgruppe verhindern. Die politischen Maßnahmen in Kindergärten und Schulen, von der Maskenpflicht bis zur Schulschließung, waren und sind nicht nur nicht hilfreich, sondern schädlich. Sie sorgen dafür, dass sich der Herdenschutz zurückentwickelt und irgendwann auch diese Altersgruppe an Covid-19 erkranken kann! **Die bisherige Politik der Regierung dämmt die Corona-Seuche nicht ein, sondern trägt dazu bei, dass sie sich in immer neuen Wellen ausbreitet.**

Details der Immunität

Bei der medizinischen Beurteilung der Immunität hat man sich bislang auch zu sehr auf die Antikörperbildung konzentriert und andere wichtige Immunmechanismen außer Acht gelassen, insbesondere die Immunabwehr durch T-Lymphozyten und ihre Subpopulationen. Antikörper steigen im Akutfall stark an, fallen dann aber meistens rasch wieder ab. Das bedeutet aber nicht, dass danach keinerlei Immunität mehr besteht. Denn der Abwehreffekt durch T-Lymphozyten bleibt und ist in der Regel nachhaltiger. Bei SARS 1, das 2003 aufgetreten ist, konnten nach 17 Jahren noch T-Lymphozyten gefunden und zur Antikörperbildung aktiviert werden!

Die Kreuzimmunität im Hinblick auf das neue Corona-Virus scheint in Asien noch stärker ausgeprägt zu sein als bei uns. Man suggeriert zwar, dass Staaten wie Südkorea, Japan und China vorbildlich (diktatorisch!) die Krise gemeistert hätten, inklusive maximaler Maskenpflicht. Tatsache aber ist, dass auch in Ländern wie Kambodscha, wo nichts an Anti-Corona-Politik betrieben wurde, insbesondere kein Lockdown, die Zahlen der Corona-Toten, ebenfalls bei Null liegen.

In Ostasien spielen Corona-Viren bei vielen Infektionen eine Rolle. Es ist wahrscheinlicher, dass die niedrigen Todeszahlen dort eher durch eine hochentwickelte Kreuzimmunität als durch die totalitäre Herangehensweise (gerade in China) zu erklären ist.

Hat ein Immunitätsausweis Sinn?

Die tatsächliche Immunität eines Menschen gegen das neue Virus ist also nicht exakt einzuschätzen. Es ist unklar, ob und wie viel und wie lange eine durchgemachte Erkrankung vor einer Neuinfektion schützt. Eine Testung über Antikörperspiegel bringt nichts, da ein entsprechender Abfall, wie erläutert, keine Immunschwäche signalisiert, und im Hinblick auf die T-Zell-Immunität haben wir keine praktikablen Untersuchungsmethoden.

Wir wissen auch nicht, welche weiteren Mechanismen eine Rolle spielen. Letztlich dürfte der individuelle Faktor bei der Frage der Immunität entscheidend sein; das heißt einerseits die genetische Ausstattung, andererseits die konkrete Lebensweise (gesunde Ernährung, Bewegung etc.). Schon von daher wäre es politisch eine Idiotie, einen sog. Immunitätsausweis einzuführen. Noch schlimmer wären dabei die politischen Möglichkeiten der Ausgrenzung und Ächtung zahlreicher Menschen. Deshalb sprechen hier einige schon, meines Erachtens zu Recht, von einem neuen Judenstern. Nicht zuletzt würde ein solcher „Immunitätsausweis", der mit dem Impfstatus gekoppelt ist, jeden, der am gesellschaftlichen Leben teilnehmen will, zu einer Impfung zwingen, de facto also eine Zwangsimpfung bedeuten – womit wir bei einem Hauptproblem der Corona-Politik angelangt sind.

Das Impfproblem

Angesichts der Tatsache, dass sich Viren ständig wandeln, um überleben zu können, deshalb also ständig neue Mutanten bilden, ist es schwierig, überhaupt einen Impfstoff gegen Viruserkrankungen zu entwickeln. Im Fall von HIV hat man das jahrzehntelang vergeblich versucht.

Selbst bei der gängigen Grippeimpfung ist es ein Lotteriespiel, wie weit der Impfstoff effektiv ist. Man sucht sich einige Stämme zusammen, die in der Südhalbkugel Monate zuvor eine Rolle gespielt haben und macht daraus einen Mix, der mal mehr, mal weniger wirksam ist. Als ich noch ärztlich tätig war, erinnere ich mich an eine Effizienz-Beurteilung des *Arzneitelegrams,* einer sehr kritischen pharmakologischen Fachzeitschrift, in der es hieß: Damit *ein* Geimpfter von der Grippeimpfung profitiert, müssen sich 100 Leute impfen lassen.

Wenn das Impfen ein harmloser Eingriff wäre, ohne irgendein Risiko, könnte man sich auf so etwas einlassen. Das ist es aber nicht! Betroffen sind Millionen Menschen auf dieser Erde, schwerstgeschädigt durch Impfungen, mit Behinderungen, die sie ohne Impfung nicht hätten!

Impfschäden

Eines der bekanntesten Beispiele ist, was sich 2009 vor allem in Schweden abgespielt hat: 500 Kinder und Jugendliche bekamen eine Narkolepsie, das ist eine schwere Autoimmunerkrankung, eine Art Schlafkrankheit: Von einer Sekunde auf die andere fällt man in einen Schlafzustand, und auch im Wachzustand fällt man unvermittelt in sich zusammen, weil die Muskelspannung schlagartig ausfällt (sog. Kataplexie). Diese Jugendlichen, die für den Rest ihres Lebens mit dieser schweren Krankheit geschlagen sind, wurden mit Pandemrix, einem neuen Impfstoff gegen die sog. Schweinegrippe, geimpft!

In ganz Europa gab es damals 1300 gemeldete Fälle, einige auch in Deutschland, wo das Problem natürlich besonders heruntergespielt wurde. Bekommen die Betroffenen in Schweden immerhin noch eine Million Euro als

Entschädigung, sind es in Deutschland gerade mal 350 Euro Rente im Monat! Dies bei einer Schwerstbehinderung, die in fast allen Fällen Erwerbsunfähigkeit bedingt.

Eine große Diskussion über Impfschäden gab es auch in den USA. Zahlreiche Kriegsveteranen der Golfkriege erkrankten an ALS (amyotrophe Lateralsklerose), einer sehr schweren Autoimmunerkrankung, die mit einer totalen Lähmung aller Muskeln einhergeht.

Nicht zuletzt dürften auch die ersten Impfungen gegen das Humane Papilloma-Virus (HPV) in Österreich mit zwei Todesfällen bei jungen Frauen manchem noch in Erinnerung sein.

Solche Beispiele muss man diversen Impfdemagogen immer wieder vorhalten, wenn sie anmaßend und geifernd alle Impfkritiker als Idioten und Sozialschädlinge abzukanzeln versuchen. Es gibt kaum einen Arzt, der nicht einen oder mehrere solch schwerer Impfschäden in seiner Praxiszeit erlebt hat.

Impfungen müssen freiwillig sein, und bei Kindern sollten die Eltern und nicht der Staat entscheiden! Wenn man in Einzelfällen impft, sollte man sich an folgende Kriterien halten:

- Es muss sich um eine schwere und auch häufig auftretende Krankheit handeln.
- Der zu Impfende darf keine chronische Erkrankung haben und sollte nicht regelmäßig starke Medikamente einnehmen. Gerade chronische Leiden verschlechtern sich durch Impfungen.
- Der zu Impfende darf auch akut in keiner Weise krank sein. Es ist zum Beispiel ein Skandal, wenn immer wieder hustende Kinder geimpft werden nach dem Motto: „... hat ja nur Husten!" Ein kin-

derärztlicher Kollege hielt mir einmal entgegen: „Wenn ich bei Husten nicht mehr impfen darf, kann ich überhaupt nicht mehr impfen!" Genau so ist es!

- Der Impfstoff sollte längere Zeit großflächig ohne nennenswerte Nebenwirkungen angewendet worden sein.
- Im Zweifelsfall sollte man nicht impfen.

Wenn Ärzte Eltern drohen, was immer wieder vorkommt, und ihren Kindern schwerste Krankheiten prophezeien, wenn sie sie nicht impfen ließen, ist das keine ärztliche Beratung, sondern Psychoterror, der das große individuelle Risiko des Impfens ausblendet. Fragen Sie mal einen solchen Arzt, ob er denn bereit wäre, bei einem auftretenden Impfschaden aus der eigenen Tasche mit zum Beispiel einer Million Euro zu haften. Lassen Sie ihn das unterschreiben, und Sie werden sehen, wie schnell er seinen Koffer packt mitsamt seinen Drohungen und Prophezeiungen.

Ein Grundproblem der Impfung sind die sog. Impfverstärker, ohne die heute kaum noch ein Impfstoff auskommt. Man hat es mit aluminium- oder sogar quecksilberhaltigen Stoffen versucht, die alle inzwischen wegen toxischer oder karzinogener Wirkung in Misskredit geraten sind. Auch der organische Stoff Squalen, der aus der Haifisch-Leber stammt, für Impfzwecke aber verändert wird, muss als fragwürdig eingeschätzt werden. Gerade bei den eben genannten ALS-Fällen von US-Golfkriegs-Veteranen spielte er eine Rolle. Man hat bei 95 % dieser Erkrankten Antikörper gegen Squalen festgestellt, bei den nicht Erkrankten dagegen in keinem einzigen Fall solche Antikörper gefunden.

Nun wurde argumentiert, dass in den betroffenen Impfstoffen gar kein Squalen enthalten gewesen sei. Als dann doch durch feinere analytische Methoden Squalen in verschiedenen Impfchargen nachgewiesen wurde, hieß es, Squalen sei hier nicht als Adjuvans zugesetzt worden, sondern durch Verunreinigung in die Chargen geraten, was freilich noch schlimmer ist. Heißt es doch, dass wir in unseren Impfchargen mit allen möglichen unbekannten und womöglich riskanten Verunreinigungen rechnen müssen!

Diverse Impf-Schweinereien

Neuerdings versucht man, Nanostoffe (siehe oben) als Impfverstärker zu nutzen – ein Spiel mit dem Teufel! Diese Teilchen dringen überall ein, und es ist völlig unklar, in welcher Weise sie sich im eingelagerten Zustand langfristig auswirken. Anstatt derartige Nano-Pläne zu verurteilen und zu bekämpfen, stellt sich unser Obervirologe Drosten hin und verteidigt in einem seiner nächtlichen NDR-Interviews dieses Vorgehen mit Worten, die einem Wissenschaftler die Sprache verschlagen: Man müsse, so Drosten, den Pharmafirmen bei der Entwicklung von Impfverstärkern ein „Betriebsgeheimnis" zugestehen!

Man stelle sich vor, die Firmen werden nicht verpflichtet, anzugeben, was sie in ihren Impfstoff hineinpanschen – und dies bei Impfstoffen, die womöglich zwangsweise Millionen Menschen verabreicht werden sollen. Transparenz und Nachprüfbarkeit sind ein unumstößliches Grundprinzip von Wissenschaft. Wer an diesen Säulen rüttelt und Transparenz durch „Betriebsgeheimnisse" verschleiern will, ist kein Wissenschaftler, sondern ein Scharlatan.

Es gibt noch Schlimmeres bei diesem Thema als Betriebsgeheimnisse: In Indien trieb die Bill Gates-Stiftung 17 Jahre lang ihr Unwesen. Sie war entscheidend beteiligt an der Durchführung exzessiver Impfinitiativen gegen Polio (Kinderlähmung). Es gab in dieser Zeit 470.000 Fälle mit vielfach schwerwiegenden Lähmungen. Der Krankheitsablauf war gegenüber der ursprünglichen Kinderlähmung atypisch. Man ging davon aus, dass all diese Fälle nicht durch Kinderlähmung, sondern durch die Polio-Impfung verursacht wurden. Bill Gates und seine WHO-Kumpane mussten das Feld räumen.

Kann man in diesem Fall noch von Impfwahn, aber doch noch irgendwie guten Absichten sprechen, so ist das im Fall *Kenia* nicht mehr möglich. Dieser Fall ist auf der Webseite der katholischen Bischofskonferenz in Kenia bestens belegt. Es geht um Tetanus-Impfungen, die mit dem Hormon HCG (Humanes Choriongonadotropin) versetzt wurden. HCG greift massiv in den Hormonstoffwechsel des Menschen ein und kann infertil machen, dass heißt die Empfängnisfähigkeit bei Frauen aufheben. Die Aktion war minutiös geplant. Sogar die leeren Fläschchen wurden organisiert abgeholt und zentral in der Hauptstadt entsorgt. Dennoch gelang es, einige Fläschchen beiseite zu schaffen und den Inhalt zu analysieren.

Auch hier soll Bill Gates seine Finger im Spiel gehabt haben. Leute à la Gates sind der Ansicht, dass wir zu viele Menschen hier auf der Erde haben. Diese Ansicht kann man durchaus teilen, und ich meine, dass man die Afrikaner endlich dazu bringen sollte, ihre Geburten zu kontrollieren und nicht zu glauben, dass sie immer nur die Kinder produzieren können und wir, die Europäer sie dann aufnehmen und alimentieren.

Was jedoch hier unter der Regie der WHO getrieben wurde, sprengt jeden Rahmen und ist hochgradig kriminell.

Impfkriminalität

Erwähnenswert ist in diesem Zusammenhang auch ein Fall aus Österreich aus dem Jahr 2009. Er wurde von einer Journalistin namens Jane Bürgermeister aufgedeckt. In einem Labor, in dem man Impfstoff gegen die Schweinegrippe herstellte, wurde durch Zufall entdeckt, dass 72 Kilogramm des Impfstoffs hochgradig mit Vogelgrippe-Viren verunreinigt waren. Im Gegensatz zu Covid-19 ist die Vogelgrippe eine Krankheit mit einer Letalität von bis zu 60 %, also hochgefährlich! Durch die Verbindung der beiden Viren (Schweine- und Vogelgrippe) hätte auch ein neues Virus mit völlig unbekanntem Wirkprofil entstehen können.

Der Fall kam bis ins Wiener Parlament, wurde dort aber nicht definitiv aufgeklärt. Die Verunreinigung war unbestritten, aber wer sie verursacht hat und mit welchem Motiv, blieb offen. Der Impfstoff war versandfertig und in Österreich, Slowenien und Tschechien schon ausgeliefert worden. Nachdem die Anwendung bei Tieren zu Todesfällen führte, zog man das Impfpräparat in letzter Minute zurück.

Man stelle sich vor: Mitten in Europa wird von der amerikanischen Firma Baxter aus ihrem Labor in Orth (Österreich) ein Impfstoff vertrieben, der hochgradig infektiös ist und eine schwere Epidemie hätte hervorrufen können – und es wird nicht geklärt, wer für die kriminelle Aktion letztlich verantwortlich zeichnet! Wer will sich unter solchen Umständen noch dem Risiko einer Impfung aussetzen?

Die Pandemie, die ins Wasser gefallen ist

Auch in Deutschland wollte man großflächig gegen die Schweinegrippe impfen, hatte doch die WHO die höchste Pandemiestufe (Stufe 6) ausgerufen. Doch die Impfung fiel aus – warum? Es sickerte in die Öffentlichkeit, dass es zwei verschiedene Varianten von diesem Impfstoff gab. Die eine war für Merkel und hochrangige Politiker sowie die Bundeswehr vorgesehen, die andere für das übrige Volk. Letzteres sollte einen Impfstoff bekommen, der mit einem quecksilberhaltigen Impfverstärker versetzt war, der im Impfstoff für Merkel und Co. nicht vorhanden war. Offensichtlich plante man ein großes Feldexperiment bezüglich Wirksamkeit und Nebenwirkungen dieses neuen Impfadjuvans. Nachdem sich das herumgesprochen hatte, war niemand mehr bereit, sich impfen zu lassen und die Impfung wurde in toto zurückgezogen – eine glückliche Fügung, zumal die von Drosten (2009!) und anderen angekündigte Schweinegrippe mit zahlreichen Toten ohnehin nicht stattfand.

Bemühungen um einen Impfstoff für Covid-19

Derzeit wird an allen Ecken und Enden der Welt an einem Impfstoff gegen Covid-19 gearbeitet. Die Russen haben angeblich schon einen gefunden und wollen ihn großflächig anwenden, ohne die notwendigen Vortestungen: eher russisches Roulette als verantwortungsvolle Politik!

Eine amerikanische Firma hat bei ersten Versuchen mit 15 freiwilligen ukrainischen Soldaten die ersten Toten produziert: Von 15 Soldaten, die an dem Impfexperiment teilnahmen, seien acht auf die Intensivstation gekommen und fünf davon gestorben. Die US-Firma setzte dem Ganzen die Krone auf, als sie sich gegenüber den behandelnden Ärzten in Kiew weigerte, die Adjuvantien anzugeben, die sie den Probanden injiziert hat.

Bill Gates, der Oberguru der internationalen Zwangsimpfungsbewegung, verkündete in den ARD-Tagesthemen, wofür er die Hälfte der Sendezeit bekam: Er wolle alle sieben Milliarden Menschen impfen. Andernorts ließ er durchblicken, er rechne bei sieben Milliarden Impfungen und einer Impfletalität von 0,01 % (ein Toter auf 10.000 Impfungen) mit weltweit 700.000 Toten. In Deutschland wären das bei 80 Millionen Menschen also 8.000 Tote nur durch die Impfung!

Abgesehen von Toten gibt es noch zahlreiche andere Impfschäden. Man geht von etwa 5 % mehr oder weniger starken Nebenwirkungen aus, was in Deutschland vier Millionen mehr oder weniger impfgeschädigte Menschen bedeuten würde. Allein in Rheinland-Pfalz werden derzeit 157 lebenslange Renten wegen anerkannter schwerer Impfschäden gezahlt.

Neue Impfstoffe

Die bisherigen Impfstoffe arbeiteten mit abgeschwächten oder abgetöteten oder mit harmlosen Erregern, die den angepeilten Erregern ähnlich sind und über eine Kreuzimmunität Immunität herstellen. Bei Corona will man nun ein völlig neues Impfprinzip einführen: die mRNA-Impfung. Dabei soll mRNA, die ein Grundbaustein bei der Umsetzung der Erbinformationen in die Körperzellen ist, durch Injektion in den Körper eingebracht werden, was dazu führt, dass die Körperzellen selbst Viren bzw. Virus-ähnliche Gebilde produzieren. Gegen die soll dann das Immunsystem Antikörper bilden, die vor einer Infektion mit solchen Viren schützen.

Die menschlichen Zellen sollen also Viren produzieren, gegen die sie dann selbst Antikörper entwickeln. Das Ganze spiele sich nur in den Körperzellen ab. Die Keimzellen wären davon nicht betroffen, so dass die verändernden Informationen nicht in die nächste Generation hineinwirken würden. Das wird behauptet, bewiesen ist das nicht. Wer weiß denn, ob und wie sich unsere veränderten Körperzellen reproduzieren? Bilden sie immer neue Viren, und was geschieht mit den eingeschleusten Gen-Schnipseln der Viren? Das Risiko einer Erbgutveränderung steht im Raum. Wer das abstreitet, argumentiert nicht, sondern hofft nur! Leute, die derart herumexperimentieren, sind gefährliche Zauberlehrlinge.

Man muss sich fragen, warum ausgerechnet jetzt bei Corona eine völlig neue Impfmethodik ausprobiert werden soll. Ist das vielleicht einer der Gründe, warum Corona inszeniert wird: ein gigantischer Massenversuch zur Erprobung neuer Impfstrategien?

Impfökologie und survival of the fittest

Es ist ein Grundprinzip im Kampf gegen die Mikroben (Viren, Bakterien und andere), dass ein Teil von ihnen durch die Maßnahmen, die wir gegen sie unternehmen, geschwächt wird und verschwindet. Ein anderer Teil aber wandelt sich („mutiert"), und die neuen Mutanten sind in der Regel widerstandsfähiger als die alten.

Wir kennen dieses Prinzip vom sog. Hospitalismus im Krankenhaus: Durch intensive und zum Teil überzogene Sterilisationsmaßnahmen sowie die Anwendung maximal starker Antibiotika werden resistente Keime gezüchtet, gegen die dann die gängigen Antibiotika nicht mehr wirken.

Der Antibiotikaeinsatz, gerade in dem exzessiven Maß, wie er in Südeuropa betrieben wird, sorgt dafür, dass immer mehr Keime gegen immer mehr Antibiotika resistent werden. In den meisten südeuropäischen Staaten kann man sich in jeder Apotheke Antibiotika frei, ohne ärztliches Rezept kaufen!

Das mikroökologische Prinzip, dass Keime in der Auseinandersetzung mit der Medizin in besonderer Weise Resistenzen entwickeln, müssen wir auf unseren Umgang mit Viren übertragen. Diese sind ja noch mutationsfreudiger und -fähiger als die Bakterien. Auch jede Impfung bedeutet einen Eingriff in die Ökologie der Mikroben, wodurch neue Mutanten provoziert werden können, die dann mehr Probleme machen als die alten.

Die moderne Medizin glaubt, man könne gar nicht zu viel impfen – ein großer Irrtum! Man kann sehr wohl, und man hat schon! Um den eigenen Impfglauben nicht zu erschüttern und sich die Katastrophen, die man schon angerichtet hat, nicht bewusst zu machen, unterlässt man es gezielt, nach Impfschäden zu suchen. Stattdessen geht man aggressiv gegen alle vor, die Hinweise auf Impfschäden vortragen.

Ich erinnere mich des Shitstorms, den ein Rechtsmediziner der Uni München in den 1990er Jahren über sich ergehen lassen musste. Er hatte in einer Fachzeitschrift veröffentlicht, bei sechs wegen plötzlichen Kindestods obduzierten Säuglingsleichen jeweils gleichartige Hirnveränderungen festgestellt zu haben. Alle sechs Säuglinge hätten kurz vor ihrem Tod eine Mehrfachimpfung bekommen. Verschiedene Rechtsmediziner anderer Universitäten bestätigten daraufhin mit eigenen Fällen diese Beobachtung. Die Mainstream-Ärzte und -Medien kümmerten sich jedoch nicht um diesen wichtigen dargestellten Sachverhalt, sondern warfen den Rechtsmedizinern vor, sie würden mit solchen Veröffentlichungen nur den Impfgegnern in die Hände spielen!

Durch die Internet-Kommunikation gibt es inzwischen tausende Hinweise auf dokumentierte Impfschäden, nicht zuletzt auch auf den Zusammenhang zwischen Impfungen und plötzlichem Kindstod. Am beweiskräftigsten erscheint mir eine 2015 von der amerikanischen Gesundheitsbehörde CDC vorgelegte Studie, die bei mehreren dokumentierten Fällen von plötzlichem Kindstod feststellt, dass 79,4 % der Kinder eine oder mehrere Impfungen innerhalb der letzten 24 Stunden vor ihrem Tod erhalten haben.

Eigene Erfahrung

Auf jeden Fall weiß ich aus eigener langjähriger ärztlicher Praxis, dass fast alle schweren chronischen Krankheiten bei jüngeren Leuten entweder nach einer schweren Infektion oder nach einer Impfung auftraten. Dabei können diese einige Wochen zurückliegen. Es ist sehr bedauerlich, dass gerade in der Ärzteschaft ein kritikloses Verhalten gegenüber der allgemeinen Vielimpferei weit verbreitet ist.

Beispiel: Ein Kleinkind bekommt nach einer Dreifachimpfung plötzlich nächtliche Schreikrämpfe, die es vorher nie hatte. Ich rufe den impfenden Kollegen an und teile ihm dies mit. Er weiß nicht, dass ich Arzt bin. Seine Reaktion: Die Schreikrämpfe kämen von allem, nur nicht von der Impfung, denn diese hätte nun mal keine Nebenwirkungen. Mit dieser Einstellung sorgt man dafür, dass das Problem der Impfschäden nie gelöst wird, denn nur ganz wenige Schwerstfälle in nicht mehr zu übersehendem zeitlichen Zusammenhang gehen in die Statistik ein.

Es muss ein Hauptthema unserer medizinischen Infektionsforschung werden, systematisch nach Impfschäden zu suchen und zu fahnden! Das Problem ist die Pharmalobby. Sie verdient Milliarden mit dem Impfen und unternimmt deshalb alles, um solche Forschung zu verhindern. Die meisten Ärzte, die Karriere machen wollen, hüten sich, sich dieses Themas anzunehmen.

Impfung und Grundrechte

Die Politik kann nicht feststellen, welche Impfung gut ist und welche nicht. Es ist ihre Aufgabe, angesichts des ständigen Flusses und der hohen Relativität wissenschaftlicher Ergebnisse die Diskussion offenzuhalten und Zwangsimpfungen erst einmal politisch zu ächten. Insofern ist auch die von Spahn eingeführte Zwangsimpfung bei Masern (seit 1.3. 2020 in Deutschland) politisch verheerend und muss zurückgenommen werden.

Die Durchsetzung einer generellen Impfpflicht ist eines der Hauptziele unserer Corona-Regierung. Dass sie dabei ständig bekundet, dies nicht zu wollen, erinnert an Ex-DDR-Chef Walter Ulbricht. Noch kurz vor dem Mauerbau 1961 erklärte er bekanntlich: „Niemand hat die Absicht, eine Mauer zu bauen". Genauso verhält es sich wohl mit der Absicht unsere Regierung, eine Impfpflicht einzuführen.

Früher waren es bei Umfragen noch 80 %, inzwischen sind es „nur“ noch 60 % bei weiter fallender Tendenz, die sich für Zwangsimpfungen aussprechen. Das macht den Regierenden Sorge. Bei *Lanz'* (Talkshow) Ende August verkündete Spahn in seiner üblichen rotzfrechen Art, dass er auf keinen Fall Zwangsimpfungen durchsetzen wolle. Auf die Frage „Warum“ antwortet er: „… weil ich das freiwillig hinbekomme …“ Er sagt also nicht, dass er gegen Zwangsimpfungen sei, sondern nur, dass er sie nicht brauche, weil er es (mit Demagogie, Indoktrination etc.) ohne Zwang glaubt hinzubekommen. Er schließt nicht aus, dass, wenn es freiwillig nicht klappt, Zwangsimpfungen geplant sind.

Im Übrigen hat die Regierung schon im Voraus Milliarden Gelder den Pharmaunternehmen in den Rachen geworfen, „um sich Impfstoffe zu sichern“. Deshalb sollte man davon ausgehen, dass sie all dieses Impfzeug mit allen Mitteln auch an den Mann zu bringen versucht: „Und bist du nicht willig, so brauch' ich Gewalt“.

Die Frage von Zwangsimpfungen wird im Kampf um die Macht im Staat eine wichtige Rolle spielen. **Wir müssen den Menschen klarmachen, dass wir nicht gegen Impfungen, wohl aber gegen *Zwang*impfungen sind!** Jeder, der sich impfen lassen will, kann sich impfen lassen. Aber keiner, der sich nicht impfen lassen will, darf dazu gezwungen werden. Und natürlich darf auch keiner wegen seiner Entscheidung gegen die Impfung über Immunitätsausweise etc. irgendwelche Nachteile gewärtigen, sei es einen Ausschluss aus der Kita oder von Veranstaltungen oder von sonst irgendetwas!

Zwangsimpfungen stellen einen maximalen Eingriff in die persönliche Integrität des Menschen dar. Sie sind quasi ein direkter Zugang ins Blut, den der Staat hier beansprucht. Damit sind der biologischen Manipulation Tür und Tor geöffnet. Man denke an genetische Impfungen und an genetische Eingriffe überhaupt, an Eingriffe mit politischem Ziel, an Kenia (HCG-Impfungen), an Vogelgrippe-Viren, die in Impfmaterial plötzlich auftauchen. Auch eine Implantation von Identitätserkennungs-Chips, die man immer besonders entrüstet von sich weist, ist nicht ausgeschlossen. Kurzum: Eine Zwangsimpfung ist für die Regierenden das große Tor zur totalen und totalitären biologischen Manipulation des Menschen. Man kann sich damit, und einige wollen es jetzt schon, biologisch einen neuen Menschen schaffen.

Aber wer macht denn so etwas, werden Sie fragen, und wer *will* so etwas? Antwort: Erstens wird, was möglich ist, von irgendjemandem auch irgendwann gemacht; und zweitens: Massenmörder mit politischer Motivation sterben nicht aus. Sie haben auch in unserer globalisierten Welt in vielen Institutionen hohe Positionen erobert. Dies sollte aus dem Kontext von dem, was ich hier darstelle, deutlich werden.

Therapie von Virus-Erkrankungen

Im Gegensatz zu Drosten, Wieler & Co, die in ihren Labors Reagenzgläser schwenken und vielleicht elektronenoptische Viren-Fotos machen, habe ich in 34 Jahren ärztlicher Tätigkeit, vor allem in den 30 Jahren allgemeinmedizinischer Praxis an der vordersten Gesundheitsfront Therapieerfahrungen mit tausenden von Virus-Erkrankten gemacht. Die meisten Erkrankungen waren harmlos, und es ist wichtig, dass man da gar nichts macht. Man muss nur abwarten und beobachten.

Mittelschwere und schwere Viruserkrankungen sind meist behandlungsbedürftig, und da wird die Sache problematisch. Denn das, was wir bei den Bakterien mit den Antibiotika haben, haben wir bei den Viren nicht in gleicher Weise. Sogenannte antivirale Mittel können Viren nicht inaktivieren, nicht eliminieren und schon gar nicht zerstören, wie bakterizide Antibiotika das mit Bakterien tun. Was können sie dann überhaupt? Sie können die Vermehrungsfähigkeit und damit die Ausbreitung der Viren einschränken, was in bestimmten Fällen hilfreich sein kann, z. B. mit sog. **Transkriptase-Hemmern.** Hier bietet man den Viren einen falschen Einbaustoff für ihr Erbgut an (Adenin-Analogon). Das Problem ist, dass wir nicht sicher wissen, welche Kollateralschäden damit verbunden sind. Denn dieser falsche (Adenin-ähnliche) Einbaustoff ist nicht nur in der Viren-RNA, sondern auch in der DNA von körpereigenen Zellen einbaubar. In welchem Ausmaß dies geschieht, ist nicht bestimmbar und deshalb unbekannt. Dass es geschieht, können wir an den nicht seltenen Nebenwirkungen der Therapie ersehen. So verschlechtern sich durch das über Corona wiederbelebte Präparat Remdeservir die Leberwerte, und die Atemnot nimmt zu, was gerade bei Covid-19 nicht besonders hilfreich ist. Ähnliche Nebenwirkungen finden sich auch bei anderen antiviralen Substanzen (z. B. beim AIDS-Medikament Kaletra), die versuchsweise bei Covid-19 eingesetzt werden. Remdesevir wird im Übrigen von der WHO jetzt nicht mehr zur Covid-19-Therapie empfohlen.

Man greift auch auf Medikamente zurück, die sich bei anderen Krankheiten, z. B. Malaria bewährt haben. So erprobt man bei Covid-19 das Medikament **Chloroquin.** Doch auch hier hat die Sache einen erheblichen

Pferdefuß. Bei Menschen, die aus dem Mittelmeerraum stammen, findet sich häufiger ein *Favismus-Syndrom*. Sie sind dadurch für Chloroquin besonders anfällig, so dass sie nicht selten durch die Therapie in Folge Zerfalls ihrer Blutzellen zu Tode kommen. Mutmaßlich gehen nicht wenige Todesfälle auf das Konto dieser gerade in den USA massiv gehandhabten Chloroquin-Therapie.

Ein weiterer medikamentöser Rohrkrepierer ist das auch als Virostatikum geltende **Tamiflu** (*Oseltamivir)*. Ich habe es in meiner ärztlichen Zeit kennengelernt, aber nicht verordnet. Erstens hilft es nicht, zweitens hat es, wenn man genauer hinschaut, erhebliche Nebenwirkungen. Die WHO hat es damals an vorderster Stelle für die Influenza-Grippe empfohlen und die Bundesregierung Millionen Packungen von diesem Schrott für den Notfall gebunkert. Das hat nicht der Bevölkerung, dafür umso mehr der Hersteller-Firma *Roche* geholfen.

Inzwischen hat eine kritische Pharma-Institution (*Cochrane Collaboration*) bestätigt, dass die Komplikationsrate bei Grippe durch Tamiflu mitnichten verringert wird und dass in den von der Firma vorgelegten Studien schwerwiegende Nebenwirkungen vor allem psychiatrischer und neurologischer Art verschwiegen wurden. Die WHO hat jetzt ihre Empfehlung relativiert, aber immer noch nicht vollständig zurückgenommen.

Für schwere Covid-19 Fälle wird jetzt, soweit ich das mitbekommen habe, verstärkt Cortison eingesetzt. Das ist mir völlig unverständlich. Denn weder wirkt Cortison irgendwie virostatisch noch verstärkt es in irgendeiner Weise die körpereigene Abwehr, sondern wirkt im Gegenteil stark immunsuppressiv, reduziert also die Abwehrreaktionen des Körpers! In meiner ärztlichen Zeit wurde es als Kunstfehler betrachtet, wenn man beispielsweise eine virusbedingte Hirnhautentzündung mit Cortison behandelte! Würde Cortison bei Covid-19 wirklich einschneidend helfen, wäre das für mich eher ein Beleg dafür, dass es sich hier nicht um eine primär viral bedingte Erkrankung handelt.

Masernimpfung?

Noch ein Wort zu den Masern. Ich habe selbst zahlreiche Fälle in meinen ersten Praxis-Jahren behandelt – ohne irgendeine Komplikation. Entscheidend ist die Anfangsbehandlung, insbesondere die Schonung der Kinder, die richtige Ernährung und vor allem: keine antipyretische Therapie, das heißt **keine fiebersenkenden Mittel!** Aus meiner Sicht sind die meisten schweren Masern-Komplikationen iatrogen, also durch falsches medizinisches Eingreifen bedingt. Wenn man sich die Erkrankungs- oder gar Todeszahlen der Masern in Deutschland oder auch in Europa anschaut, kann man nicht verstehen, wie man hier eine Zwangsimpfung politisch rechtfertigen will. Größeres Risiko entsteht allenfalls durch Migranten-Populationen, die aus ihren Herkunftsländern Krankheiten einschleppen, die bei uns kaum oder gar nicht mehr vorkamen, z. B. Tuberkulose, Hepatitis B, C und andere.

Die therapeutische Situation bei Viruserkrankungen ist also in der konventionellen, der sog. Schulmedizin sehr schlecht. Insbesondere warne ich vor Medikamenten, die angeblich einen schweren Verlauf um „ein oder zwei Tage" verkürzen und „weniger" Komplikationen verursachen. Verhindert das Medikament, reduziert es die Zahl tödlicher Verläufe? Darauf kommt es an. Alles andere ist Wischiwaschi und weist nicht auf eine Therapieverbesserung hin, sondern allenfalls auf massiven Pharma-Lobbyismus!

Allgemeine Empfehlungen

Die Problematik von Impfungen habe ich erörtert. Sie sind sicher nicht die große Lösung, als die sie verkauft werden. Nachdem auch die therapeutische Situation bei viralen Erkrankungen – die großen Schlauberger kommen jetzt sicher mit der Hepatitis C-Therapie daher – schlecht ist, kommt es hier mehr denn anderswo auf eine gesunde Lebensweise und auf eine Medizin an, die die natürlichen Abwehrkräfte fördert. Verschiedene naturheilmedizinische Methoden eignen sich gut, und noch wichtiger ist es, die wichtigste Therapie, die der Körper selbst erfunden hat, nämlich das Fieber, nicht im Ansatz zu kupieren und kaputt zu machen. Fieber ist nach wie vor das wichtigste Selbstheilungsmittel des Körpers gegen Viren, die bei einer bestimmten Temperatur inaktiviert und apathogen werden!

Was gesunde Lebensweise anlangt, so spielen Bewegung und frische Luft eine besondere Rolle, und dafür sorgt ja unsere Regierung, genial wie sie nun mal ist, in hervorragender Weise: viel Bewegung durch Quarantäne und viel frische Luft unter der Maske! Solche Vollpfosten muss man erst einmal finden, die so etwas beschließen!

Politische Gesichtspunkte

Die wichtigste Dimension des regierungsamtlichen Corona-Projekts ist die politische. Hier geht es um die Einübung von Diktatur, um die Schaffung totalitärer Substrukturen, um die Etablierung einer Standby-Diktatur, bei der man je nach Bedarf, je nach Infektionszahlen etc. die Schrauben fester oder lockerer anziehen kann.

Nun sagen viele, „Diktatur", das ist aber übertrieben! Schauen Sie mal in andere Länder, z.B. nach Spanien, dort ist das viel schlimmer!

In der Tat: In Spanien ist das viel schlimmer. Kinder durften da z.B. 7 (sieben!) Wochen lang nicht einmal in den Garten gehen. Ob Spanien überhaupt eine Demokratie ist, darf bezweifelt werden. Ein Staat, der demokratische katalanische Politiker 13 Jahre ins Gefängnis sperrt, nur weil sie es gewagt haben, eine Volksabstimmung durchzuführen – so ein Staat ist für mich nicht mehr europäisch und schon gar nicht eine Demokratie.

Und wie sieht es bei uns aus mit der Demokratie?

Na ja! Inzwischen kann die Polizei in Häuser und Wohnungen kommen und kontrollieren, ob vielleicht zu viele Verwandte am Tisch einer Geburtstagsfeier sitzen!

Nicht nur im Restaurant, auch im Kino und Theater und sogar in der Kirche müssen Sie sich in eine Anwesenheitsliste mit Adressangabe eintragen. Natürlich geht es nicht um die totale Überwachung der Bürger, natürlich nicht um vollständige Bewegungsprofile – wer denkt denn so etwas? Es geht um Gesundheit, nur um Gesundheit, und da müssen wir eben die Infektionsketten nachverfolgen können – eben!

Wenn Sie Pech hatten und jemanden getroffen haben, der positiv getestet wurde, müssen sie in Quarantäne, gegebenenfalls in Massen-Quarantäne, siehe Fall Tönnies, siehe Mamming: Mehrere hundert Menschen werden, die allermeisten von ihnen völlig gesund, hinter Bauzäune gesperrt und Tag und Nacht von einem Sicherheitsdienst überwacht! Und wenn die privaten Wachdienste nicht reichen, was macht man dann? Richtig: Wir haben ja noch die Bundeswehr! In vielen Städten wird die Bundeswehr bereits von Gesundheits- und Ordnungsämtern für Quarantäne-Überwachung und anderes im Rahmen der Corona-Politik eingesetzt – oder sagen wir besser: missbraucht! Inlandseinsätze der Bundeswehr gegen die eigene Bevölkerung, zur Quarantäne-Überwachung – wo bleibt die Empörung unserer Linken, wo bleiben die Entrüstungsorgien unserer Medien?

Androhung von Kindesentzug

Es kommt noch schlimmer! In verschiedenen Orten (Offenbach, Karlsruhe und andere) forderten die Gesundheitsämter die Eltern von Kindern im Alter zwischen 3 und 16 Jahren auf, diese ihre Kinder allen Ernstes zu Hause in Quarantäne zu sperren, das heißt, in Einzelzimmer und mit Maske (!), und sie auch nicht an den gemeinsamen Mahlzeiten teilnehmen zu lassen!!! Im Falle der Zuwiderhandlung und Nichtbeachtung dieser Vorgaben, wobei sich die Behörden Hauskontrollen offensichtlich vorbehielten, drohten sie den Eltern, ihnen die Kinder zwangsweise zu entziehen und sie in einer staatlichen Quarantäne-Einrichtung einzusperren! Das ist nicht DDR, das ist DDR ins Quadrat!

Offizielle Stellen versuchten abzuwiegeln: „etwas unglücklich ausgedrückt" usw. blah blah. In Brandenburg hat man einen Schulleiter disziplinarisch beurlaubt, weil er nicht bereit war, die Maskenpflicht an seiner Schule umzusetzen. Gegen die Amtsleiter dieser Gesundheitsämter aber, die besagten Kindesentzug androhten, ist bislang noch nichts unternommen worden. Es ist notwendig, solche Leute, die Eltern derart drohen – eine schwere Straftat – aus dem Amt zu jagen. Solche DDR-Typen müssen als Behördenleiter geschasst werden.

Politik wird abgeschafft und Demokratie sowieso!

Mit der massivsten Einschränkung des Demonstrationsrechts und der Versammlungsfreiheit, die wir je in Deutschland seit 1945 hatten, wird faktisch nicht nur Opposition, sondern eine Beteiligung der Bürger an Politik überhaupt verboten und verunmöglicht. Dabei ist eine selektive Handhabung der Demonstrationseinschränkungen in der Corona-Politik bemerkenswert: Bei einer BLM-Demonstration (*„black lives matter"*) gegen Rassismus wurden keinerlei Maßnahmen wegen Verstoßes gegen die Corona-Vorschriften eingeleitet. Auch die Presse schaute mit beiden Augen weg. Bei den Demonstrationen gegen die Corona-Politik dagegen ereiferten sich unsere medialen Fuzzis in Hetzkampagnen gegen die Demonstranten. Man wollte sogar, wie der SPD-Innensenator Geisel in Berlin, solche Demonstrationen vollständig verbieten. Als dies misslang, versuchte man, sie möglichst schnell unter irgendeinem Corona-Vorwand wieder aufzulösen.

Nebenbei sei bemerkt, **dass sowohl die Anti-Corona- als auch die Anti-Rassismus-Demonstrationen, bei denen die Maskenpflicht weitgehend missachtet wurde, eigentlich einen Corona-Supergau hätten auslösen müssen.** Tatsächlich war diesbezüglich nichts, aber auch gar nichts zu registrieren. Auch das sollte zu denken geben!

Das Bundes-Infektionsschutz-Gesetz wird zum neuen Grundgesetz der Bundesrepublik Deutschland

Als wesentliches Kriterium für den Übergang einer Demokratie in eine totalitäre Staatsform gilt, dass wesentliche Entscheidungen nicht mehr vom Parlament, sondern per Dekret von der Exekutive getroffen werden. Das wurde in allen EU-Staaten im Rahmen der Corona-Politik so gehandhabt, auch in Ungarn, wo Viktor Orban bis Ende Mai in diesem Sinn ermächtigt war. Die EU und allen voran die Berliner Regierung machten nun einen Riesen-Bohei daraus und verlangten Strafmaßnahmen gegen Orban: Er würde die Demokratie in Ungarn abschaffen. Man fasst sich an den Kopf! Denn nichts anderes geschah und geschieht immer noch bei uns in Deutschland via Bundes-Infektionsschutz-Gesetz. Diesem gemäß dekretiert der derzeitige Hauptgeschäftsführer des Merkel-Regimes Jens Spahn herum, dass es eine wahre Freude ist; z. B. Zwangsuntersuchungen bei Reiserückkehrern, dekretiert wenige Tage nach Beginn der Parlamentsferien in Berlin. Die Regierung hatte es nicht nötig, eine solch einschneidende Maßnahme durch das Parlament absegnen zu lassen. Es ist bodenlos dreist, dass Merkel und Co. das, was sie selbst ganz selbstverständlich praktizieren, bei Orban und Lukaschenko als politischen Skandal brandmarken.

Die dressierte Gesellschaft

Zur Einübung von Diktatur gehört nicht zuletzt der ritualisierte Gehorsam gegenüber der Regierung. Insofern ist die Maskenpflicht eine wichtige Maßnahme der Herrschenden, diesen Gehorsam ihren Untertanen beizubringen und sie so zu dressieren, dass sie Dinge auch dann tun, wenn sie diese als völlig unsinnig betrachten. Man macht etwas, nicht weil man es für sinnvoll hält, sondern weil es die Regierung so angeordnet hat. Also bitte keine Warum-Fragen mehr, die sind ausgesprochen kontraproduktiv für gutes Regieren – und wenn die Regierung morgen anordnet, wir müssten alle rote Hüte tragen, weil das gegen Corona helfe, dann tragen wir morgen eben alle rote Hüte!

Totale Digitalisierung als Voraussetzung für totale Diktatur

Corona hat auch die Virtualisierung und Digitalisierung der Gesellschaft vorangetrieben. Immer mehr Home Office, immer mehr Video-Konferenzen – die sozialen Kontakte frieren ein, das Leben verliert zunehmend an Fleisch und Blut, die Menschen fühlen sich eingesperrt und sind es auch, Depressionen verbreiten sich usw. Sollen wir zuschauen, wie das ganze Land in eine universale Depression versinkt, damit wir vielleicht (!) einige 85-jährige auf Intensivstationen retten können?

Der neue Totalitarismus basiert auf totaler Digitalisierung. Nur eine total digitalisierte Gesellschaft kann total überwacht, kontrolliert und manipuliert werden. Der neue Totalitarismus will langfristig nicht mehr mit polizeilicher Gewalt, ja nicht einmal mehr mit Gefängnissen seine Macht ausüben. Er will die Menschen, die ihm nicht genehm sind, die Eigenwilligen, die Aufmüpfigen, die „Leugner" von diesem und jenem, per Mausklick kaltstellen und ausschalten. Deswegen ist totale Digitalisierung ein wesentliches Strukturelement der neuen Diktatur.

Weg mit dem unappetitlichen Bargeld?

Dazu gehört auch die Abschaffung des Bargelds, und das trifft sich gut mit Corona, denn igittigitt: Wie viele dieser gefährlichen Viren kleben doch an diesem Bargeld! Also schaffen wir es ab, retten wir Leben!

Dass der Staat durch unser Zahlungsverhalten dann ein perfektes Bewegungsprofil von uns erhält, nehmen wir gerne in Kauf. Es ist ja alles so wahnsinnig praktisch! Dass wir dadurch auch mit einem Mausklick von jeder Selbstversorgung ausgeschlossen werden können; dass wir uns, wenn wir „abgeschaltet" sind, nirgendwo mehr etwas kaufen können, nicht einmal eine Wurstsemmel; dass wir quasi vor vollen Schaufenstern verhungern – daran denken wir lieber erst gar nicht!

Die europäischen Werte haben ausgedient,
jetzt sind die chinesischen dran!

Das wichtigste Nahziel der offiziellen Corona-Politik ist die massenhafte Durchimpfung der Bevölkerung, sei es durch Erzeugung von Wahn und Panik, sei es durch gesetzlichen Zwang. Man will einfach die Möglichkeit einer totalen biologisch-medizinischen Manipulation der Menschen haben. Das gehört heute zum elementaren Handwerkszeug einer modernen Diktatur! Man will die Menschen genetisch – eugenisch! – umformen können. Da hat doch der liebe Gott so wahnsinnig viel falsch gemacht bei der Schöpfung, und deshalb geht auch die EU derzeit munter daran, im Zusammenhang mit der Entwicklung neuer Impfstoffe die gesetzlichen Einschränkungen gegen gen-manipulative Eingriffe nach und nach zurückzufahren. Darüber hinaus soll durch Zwangsimpfungen signalisiert werden, **dass das Recht auf persönliche Integrität jetzt grundsätzlich zur Disposition steht.**

Über Corona mutieren unsere europäischen Werte zu chinesischen Werten: der Staat als der große und weise Manipulateur willen- und formloser Massen, wobei bei den Chinesen der Begriff „Massen", siehe Mao, ausdrücklich positiv konnotiert ist. Für einen Europäer freilich ist es die schlimmste Vorstellung, seine Individualität in einer völlig manipulierten Masse zu verramschen. So wird Unterdrückung jetzt zum wichtigsten Mittel des Staates. Der Bürger soll den Staat wieder fürchten. Angst vor Strafen und Sanktionen soll er haben! Die Freiheit, die wir uns da 70 Jahre geleistet haben – damit ist jetzt Schluss! Das geht nicht mehr, Corona zeigt uns das! So zumindest sehen das Frau Merkel und ihr Regime.

Die neue Normalität

Corona soll, wie die Drahtzieher dieses Projekts selbst sagen, in eine neue Normalität führen. Diese ist freilich weder neu noch normal, sondern im Wesentlichen totalitär. Geistige Voraussetzung für diese große politische Transformation ist Religionslosigkeit. Dafür hat man in den letzten Jahrzehnten einiges getan. Wenn nun die Menschen keinen Gott mehr haben, bleibt ihnen nur noch die Gesundheit. Dann wird die Gesundheit zur Religion. Das System braucht keine Kirchen mehr, obwohl deren Anführer alles daran gesetzt haben, den Corona-Kult über die eigene christliche Religion zu setzen. Das System braucht jetzt Gesundheitsämter, die uns überwachen. Von daher ist es logisch, dass da 5.000 neue Stellen in Deutschland für die Kontroll- und Umsetzungsbürokratie eingerichtet werden.

Wenn das Bundes-Infektionsschutz-Gesetz zum neuen Grundgesetz mutiert, wird die Wissenschaft zur neuen Staatsreligion, in welcher Gesundheit das höchste Gut ist. Wissenschaftliche Experten, derzeit die Virologen, werden zu den Hohen Priestern des Systems, und wenn die Wissenschaft feststellt, dass jetzt für die Gesundheit eine Diktatur notwendig ist, wenn die Diktatur also wissenschaftlich begründet ist, dann ist sie legitim, und diejenigen, die sich noch am Grundgesetz orientieren, werden zu Staatsfeinden!

Corona ist ideal für totalitäre Politiker. Wenn es Corona nicht gäbe, müssten sie es erfinden! Corona ist der große, aber elegante Umweg des Westens zu einer chinesischen „Demokratie". Ganz nebenbei erfüllt sich damit unsere immer-noch- kommunistische Dame aus der Uckermark ihren FDJ-Jugendtraum: die Eroberung der BRD durch die DDR, die Umwandlung der BRD in eine neue DDR, in eine BRD-DDR. Die Frage ist nur: Sind die Deutschen wirklich gewillt, den Jugendtraum der kleinen Angela zu verwirklichen?

Wirtschaftliche Aspekte

Wirtschaftlich bedeutet Corona erst einmal den Ausbau und die Förderung globaler Wirtschaftsstrukturen durch systematischen Abbau nationaler, vor allem mittelständischer Strukturen: Amazon statt Einzelhandel, *tui* statt Reisebüro usw. Die einen boomen, die anderen darben ihrem Bankrott entgegen. Besonders auf unsere vom Mittelstand getragene nationale deutsche Volkswirtschaft haben es die globalen Konkurrenten abgesehen, und Corona liefert: 22.000 *Entlassungen* bei Mercedes, 11.000 *Einstellungen* bei Tesla. Wer einen Tesla kauft, bekommt vom deutschen Staat 9.000 € Zuschuss und mehr; wer einen E 6-Diesel von Mercedes kauft, bekommt vom deutschen Staat gar nichts – allenfalls den Vorwurf, sich ein völlig veraltetes Auto zugelegt zu haben.

Ein Angriff auf die deutsche Wirtschaft

Welch eine Idiotie! Ein Elektroauto von Tesla ist nicht „moderner" als ein E 6-Diesel von Mercedes. Nur wenn man, wie die grünen Polit-Dilettanten beim einen nur die Vorteile und beim anderen nur die Nachteile sieht, kommt man zu solch verqueren Ansichten. Vor allem kapieren diese Leute nicht: Es geht nicht um Diesel oder E-Mobilität. Es geht um einen fundamentalen Angriff auf die deutsche Autoindustrie und damit auf die gesamte deutsche Wirtschaft und ihre Grundlagen.

Im Hinblick auf Nano-Verschmutzung sind E 6-Autos unübertroffen, denn deren Katalysatoren haben diesbezüglich eine positive Umweltbilanz: Sie reinigen die Luft vom Nano dust. Wenn in Stuttgart also Feinstaub-Alarm ist, sollten möglichst viele E 6-Diesel durch die Stadt fahren. Weil dadurch die Luft von Nano-Partikeln gereinigt wird. Das ist die Wahrheit, nur die meisten kennen sie nicht. Auf der anderen Seite kann es schon bei kleinen Auffahrunfällen von Elektroautos zu Batteriebränden kommen, die von der Feuerwehr kaum noch zu beherrschen sind.

Der Kahlschlag in der mittelständischen Industrie wird bald augenscheinlich. Wenn wir in ein, zwei Jahren durch unsere Städte spazieren, werden wir sie nicht wiedererkennen. Wir werden leerstehende Geschäftsimmobilien haben, wie wir es in Deutschland noch nicht erlebt haben.

Schon für 2020 hat die zuständige Handelskammer noch 50.000 bevorstehende Insolvenzen angekündigt.

Corona muss als universale Begründung des anstehenden Wirtschaftsdesasters herhalten

Die Corona-Politik der Herrschenden hat nicht nur die globalen Strukturen im politisch gewünschten Sinn verändert, sie ist auch psychologisch hervorragend geeignet, dem Volk über die tatsächlichen Ursachen der bevorstehenden weltweiten Megakrise der Wirtschaft Sand in die Augen zu streuen.

Italien war schon vor Corona pleite, und Frankreich stand kurz davor. Aber nicht nur in Europa, auch global war die Kacke am Dampfen. Ursache für die kritische Situation der Weltwirtschaft ist die gigantische und wahnwitzige Schuldenpolitik, die seit Jahrzehnten überall immer exzessiver betrieben wird, siehe Euro-Rettung und, und, und. **Solch ein globales Schuldenausmaß haben wir in der Geschichte der Menschheit noch nicht erlebt.** Es schreit förmlich nach einem Crash, und da kommt Corona gerade recht. Die wahren Ursachen werden vertuscht, und Corona ist an allem schuld: Ironisch ausgedrückt: die armen Italiener, die armen Franzosen – Corona hat ihre Wirtschaft kaputt gemacht. Da können die doch nichts dafür. Wir haben die Bilder im Fernsehen gesehen, wie da Corona gewütet hat. Die Bilder können nicht lügen – oder vielleicht doch? Auf jeden Fall ist es für uns doch selbstverständlich, da zu helfen. Es darf nicht darum gehen, ob wir selbst das Geld dazu haben. Es geht um europäische Solidarität! Wir sind Deutsche, wir helfen, was das Zeug hält, da lassen wir uns von niemandem abhalten, koste es, was es wolle!

Für die Globalisten in Europa haben diese 1,8 Billionen Euro, die die EU jetzt verteilen kann, noch ein systemisches Ziel, das über die Bedeutung eines Hilfsfonds für Italien und Frankreich hinausgeht. Wolfgang Schäuble „erläutert" uns das und gewährt uns einen Einblick in das strategische Denken der EU-Ideologen:

> „Die Corona-Krise ist eine große Chance. Der Widerstand gegen Veränderung wird in der Krise geringer. Wir können die Wirtschafts- und Finanz-Union, die wir politisch bisher nicht zustande gebracht haben, jetzt hinbekommen." (in einem Interview mit der *Neuen Westfälischen*)

Corona und Weltwirtschaft

Rekonstruieren wir einmal zeitlich! Bis Ende Februar (2020) wiegelte das RKI noch ab, es gäbe kein großes Pandemie-Risiko. Am 9. März stürzte der Ölpreis (nicht primär Corona-bedingt!) ab und führte zu einem Börsensturz von ca. 30 bis 40 %: Der DAX fiel von über 13.000 Punkten auf 8.200 Punkte ab.

Obwohl die epidemiologischen Daten offensichtlich besser geworden sind und die Epidemie ihren Höhepunkt überschritten hat, wird jetzt (Mitte März!) der Lockdown ausgerufen. Milliarden Unterstützungsgelder durch Steuerzahler bzw. Regierungen werden locker gemacht. Dies löst an der Börse einen erneuten (künstlichen) Boom aus: Die Kurse steigen wieder und der Dax überschreitet in kürzester Zeit wieder die 12.000 Punkte-Marke. In einem Monat haben die Börsenmilliardäre dieser Welt so ca. 300 Milliarden US-Dollar „verdient"!

Die „EU" hat inzwischen also ein Hilfspaket (für den „Wiederaufbau") von 1,8 Billionen Euro für die nächsten

Jahre geschnürt. Die größten Netto-Empfänger werden Italien, Spanien und Frankreich sein. Wer bleibt da noch als Nettozahler? Richtig – der deutsche Steuerzahler! Er soll die italienische und französische Volkswirtschaft retten. Schon im Fall *Griechenland,* als es nicht um Billionen, sondern „nur" um Milliarden ging, war ihm das schwer zu vermitteln. *Billionen* für Italien und Frankreich, und dadurch möglicherweise die eigene Wirtschaft in den Konkurs hineinziehen – wäre selbst dem deutschen Michel schwer zu erklären gewesen. So kam auch hier Corona als Retter in der Rechtfertigungsnot zu Hilfe. Mit Bildern aus Italien und anderen Horrorszenen inszenierte man im Fernsehen eine Propaganda-Soap über die Corona-Zustände: Notärzte, Leichenwagen, Chaos – diesen armen Menschen muss man doch helfen – aus Mitleid oder zumindest aus europäischer „Solidarität", so sagen unsere Politiker und konnten ohne große Proteste ihr 1,8-Billionen-Paket verabschieden. Ob dadurch Italien und Frankreich vor dem Konkurs gerettet oder Deutschland mit in den Megakonkurs der beiden hineingezogen wird, wird sich zeigen. Letzteres ist wahrscheinlicher!

Propagandistisch soll die „zweite Welle" mit neuem Lockdown dann tausende von Zusammenbrüchen, Kreditausfällen und Privatinsolvenzen als „Corona-bedingt" erklären. Aber wie in der Medizin ist auch in der Wirtschaft Corona in vielen Fällen nicht die Ursache, sondern nur der Auslöser des Untergangs.

Die Immobilienpreise werden abstürzen und, wenn es schlecht läuft, werden sogar die Lieferketten der Nahrungsmittel beeinträchtigt. Hunderttausende Entlassungen stehen an. Das bedeutet Hyperinflation, Arbeitslosigkeit, wirtschaftliche Not.

Auch die gigantischen Sozialtransfers für unsere ungeladenen Gäste aus aller Welt werden wir uns nicht mehr lange leisten können, und diese freundlichen Menschen werden dann nicht sagen: „Gut, vielen Dank für die Versorgung. Dann gehen wir jetzt wieder nach Hause". Auf den griechischen Inseln haben sie uns schon gezeigt, was sie alles können: Plünderung von Supermärkten, Vandalismus, rohe Gewalt auf den Straßen bis hin zu Brandstiftungen, mit denen ganze Lager abgefackelt werden. Wir sollten uns auf einiges gefasst machen!

Die Zentralbanken sind jetzt schon macht- und hilflos. Sie haben ihr Pulver in den letzten Jahren verschossen; insbesondere die EZB mit ihren Anleihekäufen. Dadurch haben sich Billionen Schulden angehäuft, weitere kommen durch Corona-Hilfsgelder hinzu. Auch hier haftet de facto der deutsche Steuerzahler: über die EU für 1,8 Billionen Euro. Zwei Billionen Euro öffentliche Schulden schleppen wir in Deutschland ohnehin seit Jahren im Haushalt mit. Die Anleihekäufe der EZB, an denen sich die Bundesbank gemäß Urteil des Bundesverfassungsgerichts nicht mehr beteiligen darf, belaufen sich auch auf einen Betrag zwischen 1,5 und 2 Billionen Euro. Von einer weiteren Billion durch TARGET 2 – auch das indirekte Schulden – reden wir gar nicht. „Wer soll das bezahlen ...", so ein alter Schlager aus den 1940er Jahren. Unsere Politiker sind Hasardeure, Vabanque-Spieler!

Entweder kommt es über Firmenzusammenbrüche, Kreditausfälle etc. zu einem Wirtschaftscrash oder die Megaspekulationsblase der Börse platzt und führt zu einem Finanzcrash (siehe Krall, Otte u. a.). Mutmaßlich schaukelt sich beides auf, und die wirtschaftliche Notlage bereitet den Boden für soziale Unruhen und Bürgerkriegszustände. Diese werden von Migranten und Sozialtransferempfängern auf der linken und von in die Arbeitslosigkeit und Existenzvernichtung Gestürzten, vormals Berufstätigen und Mittelständlern, auf der rechten Seite ausgelöst.

Pharmaindustrie

Für die Pharmaindustrie ist Corona ein Eldorado, maßgeschneidert für ihre Interessen von der herrschenden Politik! Regierungen zahlen vorab, bitten um Lieferzusagen und kaufen Impfprodukte, die noch gar nicht da sind. Von jedweder wirtschaftlichen oder sonstigen Haftung im Zusammenhang mit der Anwendung ihrer Impfpräparate werden sie von den Regierungen befreit. Über nationale Entschädigungsfonds sollen die Bürger und Geimpften selbst für die von den Impfmitteln angerichteten Schäden haften – eine optimale Gewinnsicherung ohne irgendein Risiko! Das ist unappetitlich. Die Regierungen erweisen sich wieder einmal als Ausführungsorgane der Pharmaindustrie.

Corona und die Medien

Die Medien haben im Fall *Corona* die Aufgabe, Angst und Panik in der Bevölkerung zu verbreiten. Das machen sie zum Beispiel durch systematische irreführende Präsentation von oft untypischen Einzelfällen. Wenn man z. B. zeigen will, dass auch junge Leute von Corona betroffen sind, wird eine 20-Jährige mit „Zustand nach Nierentransplantation" (!) vorgeführt. Niemand bezweifelt, dass diese junge Frau hoch gefährdet ist, aber nicht wegen ihrer 20 Jahre, sondern wegen ihrer Nierentransplantation!

Man ist sichtlich bemüht, eine dauerhafte Katastrophen-Grundstimmung wachzuhalten. Wenn die aktuellen Bilder nicht ausreichen, greift man schon mal auf Archivbilder zurück, z. B. im Falle von Italien auf Bilder früherer Grippeepidemien.

Wer die verordnete Angst und Panikmache nicht mitmacht, wer sie für übertrieben hält oder gar für völlig unangemessen, gerät ins Visier der medialen Hetzer: „Masken-Muffel", „Corona-Leugner", „Verharmloser usw. – da werden wie im Fall *Tönnies* Sündenböcke kreiert und Kampagnen inszeniert, die an Hexenjagden erinnern, am schlimmsten im Fall des amerikanischen Präsidenten Donald Trump: Hier überschlägt sich der mediale Mob förmlich und versucht sich in geifernden Attacken gegenseitig zu überbieten.

Nachdem die Internet-Konkurrenz für die Staatsmedien immer größer und gefährlicher wird, haben sie sich etwas Neues einfallen lassen: den Faktencheck. Hier agieren besonders mittelmäßige Journalisten als Juroren und legen fest, ob ein Sachverhalt richtig ist oder nicht. Letztlich vertreten sie nur die allgemeine Meinung mit anderen Worten, geben das Ganze aber als „Faktencheck" aus – ein Schwindel, ein Bluff! Diese Organisationen genießen zum Teil sogar den Status der Gemeinnützigkeit, obwohl sie bezahlt für diverse Firmen wie Google, Facebook etc. arbeiten. Vor kurzem ist eine dieser Hochstapler-Gruppierungen vor dem Landgericht Karlsruhe kräftig auf die Schnauze gefallen. Der Journalist Tichy hatte sie verklagt, weil sie zu Unrecht einen Anspruch auf „Fakten"-Überprüfung erhoben, aber nur eine andere journalistische Meinung wiedergegeben und somit Etikettenschwindel betrieben hat.

Wie unabhängig diese Medien sind, wird deutlich, wenn man erfährt, dass z. B. der SPIEGEL in Corona-Zeiten von Bill Gates eine Spende von zweieinhalb Millionen US-Dollar erhalten hat. Wofür hat er die erhalten? Wofür bezahlt Bill Gates den SPIEGEL? Die Antwort liegt auf der Hand. Es geht um die „richtige" Darstellung und Information bei den Themen *Corona* und *Impfung*, und die „richtige" Information kommt natürlich von Bill Gates! Das ist nicht unabhängiger Journalismus – solche Medien sind Prostituierte des Systems.

Man spricht auch von „Relotius-Medien". Relotius war nicht zufällig ein mit vielen Preisen hochdekorierter Journalist beim SPIEGEL. Er wurde als Lügner und Fake-Produzent entlarvt. Die Methode *Relotius* geht so: Man berichtet nicht über irgendwelche Dinge, die stattgefunden haben – nein! Man hat eine „Erzählung"; z. B. die Erzählung, dass Moslems gut und Migranten gut sind, und Deutsche natürlich böse, und Rechte ganz böse! Um diese „Erzählung" zu verbreiten, erfindet man ständig neue Geschichten, die sie belegen sollen. *Relotius* bedeutet also „Geschichten zu erzählen" im Sinn des herrschenden Zeitgeists. Diese Methode wird sicher nicht nur vom SPIEGEL, sondern auch von anderen Medien à la SZ, FAZ usw. mehr oder weniger gehandhabt. **Der Begriff *Relotius-Medien* ist daher sehr treffend und sollte allgemein verwendet werden.**

Noch schlimmer sind die „*Antifa-Medien*". Hierzu zählen die Öffentlich-Rechtlichen, die sich von ihren Zwangsgebühren-Einnahmen horrende Apanagen zugestehen (Claus Kleber soll beispielsweise im Jahr 600.000 € bekommen). Sie haben Kontakte zu linksextremistischen Organisationen, was im Fall der ARD mit ihrer *Tagesschau* und ihren *Tagesthemen* besonders offensichtlich ist. Immer wieder werden sog. Experten zum Beispiel aus dem Kreis der *Amadeu-Stiftung* präsentiert, einer linksextremistischen Vereinigung, die von der ehemaligen Stasi-Agentin Anetta Kahane initiiert worden ist.

Besonders berüchtigt ist der Fall *Chemnitz* 2018. Damals gelangte ein Video der Antifa direkt und ungeprüft in die *Tagesschau*. Es sollte ein Pogrom gegen Ausländer zeigen, was aber weder vom damaligen sächsischen Ministerpräsident Kretschmer noch vom damaligen Verfassungsschutz Chef Maaßen bestätigt wurde. Dennoch konnte die ARD ungestraft an ihrer Darstellung festhalten. Das zeigt, wie stark die Linksextremisten in der ARD sind. Man kann die ARD guten Gewissens zur Vorhut der „Antifa-Medien" rechnen!

Selbstgerechtigkeit, moralische Anmaßung, Hetze gegen Andersdenkende und „Leugner" – das prägte und prägt auch im Fall Corona die Berichterstattung unserer Medien. Sie informieren nicht, sie stellen nicht verschiedene Meinungen vor, zwischen denen sich Zuhörer bzw. Zuschauer selbst entscheiden können – nein, sie verkünden eine Wahrheit; eine Wahrheit, die mit der herrschenden Staatsideologie identisch ist und zu der es dann keine Alternative geben darf. Jede wirkliche Alternative ist eine „Verschwörungstheorie". Im Fall Corona gab es unter anderem ein Papier des Berliner Innenministeriums, in dem die Medien explizit zu einer alarmistisch-dramatisierenden Darstellung der Situation aufgerufen wurden. Das haben sie konsequent mit ihren Angst- und Panik-Kampagnen umgesetzt – gleichgeschaltete Staatsmedien mit unangenehm moralisierender Attitüde!

Die Corona-Erzählung – wie manipuliere ich Menschen

Wie bringe ich Menschen eine neue Normalität bei? Eine Normalität, die mir besser geeignet scheint, meine Interessen und Ziele zu verfolgen als die alte? Wie bringe ich sie dazu, sich an Dinge zu gewöhnen, an die man sich eigentlich gar nicht gewöhnen kann, z. B. eine generelle Maskenpflicht? Wie bringe ich sie dazu, den Widerstand, den sie noch haben, aufzugeben, zu resignieren und rote Hüte aufzusetzen, wenn ich es ihnen sage?

Das Entscheidende ist die Angst. Ich muss den Menschen Angst machen, ich muss sie in Panik versetzen, sie völlig verunsichern, so dass ihre Suche nach neuer Sicherheit sie alles andere vergessen lässt, nicht zuletzt auch jegliches Bedürfnis nach Freiheit, die sie da opfern.

Angst macht krank, und sie ist ansteckend, viel ansteckender als Corona! Wenn ich meine Angst verbreite und andere dann auch Angst haben, kann ich sie besser ertragen: geteilte Angst ist halbe Angst. Deswegen ist die neue Corona-Volksgemeinschaft so wichtig. Sie ist zunächst einmal eine Angst-Gemeinschaft.

Wenn ich die Angst lebendig halten will, muss ich sie ritualisieren, muss ich einen ritualisierten Wahn daraus machen und eine entsprechende Dämonologie entwickeln. Die Corona-Dämonologie bzw. -Erzählung sieht so aus: Die Viren sind nicht Elemente des Lebens, wie Wespen, Fliegen oder Haustiere, sie sind der große böse Feind, gegen den wir kämpfen müssen. Das neue Corona-Virus ist die Krone, die Corona des Bösen. Jeder Kontakt mit ihm ist zu vermeiden, will man nicht selbst dem Bösen anheimfallen.

Aus der Perspektive dieses Wahns wird alles anders: die eigene Umwelt, die Mitmenschen, alles! Überall lauert das Böse, überall sind Viren. Die Menschen um mich herum sind jetzt die größte Gefahr. Sie sind nicht mehr Arbeitskollegen, nicht mehr Nachbarn, sie sind jetzt vor allem Virenträger oder gar „Viren-Schleudern", „Super-Spreader"! Ich muss sie meiden, ich muss mich distanzieren. Abstand halten ist das wichtigste Ritual der Corona-Religion.

Damit mir das leichter fällt, müssen alle eine Maske tragen. Sie müssen ihr Gesicht verlieren. Solange ich meinem Arbeitskollegen Meyer und meiner Nachbarin Müller ins Gesicht schaue, könnte ich nachlässig werden, in die alte Normalität zurückfallen und die Gefahr vergessen, die von ihnen ausgeht! Wenn sie gesichtslos sind, hinter ihrer Maske verschwinden, fällt mir das gesetzlich angeordnete Corona-Verhalten (social distancing) wesentlich leichter. Deswegen ist die Maskenpflicht ein weiteres Ritual der Corona-Religion.

Jede Volksgemeinschaft grenzt Menschen aus. Das ist normal. Im Fall der Corona-Volksgemeinschaft sind es die Masken-Muffel und Corona-Leugner; anders und positiv ausgedrückt: Es sind die Menschen, die Viren nicht dämonisieren und ihre Mitmenschen nicht primär als Virenträger wahrnehmen, für die die Freiheit noch einen Wert darstellt und die das Grundgesetz höher einschätzen als das Bundesinfektionsschutzgesetz. Mit diesen Leuten also geht in der Corona-Volksgemeinschaft gar nichts. Denn sie gefährden nicht nur sich – das wäre uns ja noch egal – sondern auch die anderen, die Allgemeinheit, sie sind eine Gefahr für die Volksgesundheit. Sie weigern sich, Leben zu retten! Was sollen wir mit Ihnen machen? Die SWR-Redakteurin Petra Thiele hat hier schon einen weiterführenden Vorschlag gemacht und einen neuen Schießbefehl ins Gespräch gebracht. Er könnte nahtlos in die DDR-Tradition eingefügt werden, zumal er sich an der Mauer ja ziemlich bewährt hat; und im Übrigen war die DDR gar nicht so schlimm, wie das immer gesagt wird. Das wissen wir doch inzwischen, spätestens seit Gysi und Ramelow!

Auswirkungen im Alltag

Allein die Organisation des alltäglichen Lebens kostet die Menschen Zeit, Energie und Geld. Von all dem haben sie aber nicht mehr genug. Doch Corona ist unbarmherzig und fordert seinen Tribut. Hinzu kommen jede Menge Streit und Zwist der Menschen untereinander: Der eine macht den anderen an, weil er angeblich die Maske nicht richtig trägt, der andere den einen, weil er nicht genügend Abstand hält usw. usf. – ein ideales Szenario für Herrschende! Die Menschen sind so mit sich und dem eigentlich Selbstverständlichen beschäftigt, dass sie zu anderen, womöglich wichtigeren Dingen gar nicht mehr die Zeit haben; und sie gehen aufeinander los und sind sich nicht mehr dessen bewusst, wer an all dem die Schuld trägt.

Was ist das A und O der Massenmanipulation?

1. Angst und Panik erzeugen: „Millionen Tote an Ostern" (Imperial College in London)) – dann lassen die Christen sogar Ostern ausfallen!
2. Schuldgefühle verbreiten: „Du kannst Leben retten, aber wehe, wenn Du es nicht tust!"

3. Sündenböcke schaffen, die man ausgrenzt, stigmatisiert, gegen die man aus allen Rohren hetzt – die Hexenjäger lassen grüßen.

Mit Angst erledigt man ein Drittel der Gesellschaft, mit Schuldgefühlen das zweite. Nur dem letzten Drittel, den ganz Hartnäckigen, muss man dann noch drohen, mit drakonischen Strafen: „Betreten des Parks wegen Corona verboten. Zuwiderhandlungen werden mit Geldstrafe oder *Gefängnis bis zu zwei Jahren bestraft.*" (Schild in Radolfzell) – 25.000 €, Gefängnis … Schießbefehl … wow!

So manipuliert man die Bevölkerung, so macht man sie gefügig, so bringt man sie dazu, schrecklichste Dinge zu tun, so macht man aus einem Volk eine Masse, eine verängstigte, gefügige Masse!

Der neue Heiland ist ein Impf-Heiland!

Aber etwas fehlt noch in dieser „Erzählung": die Hoffnung, die Erlösung, das Heil. Die Heilsbringer stehen bereit: Forscher und Pharmaindustrie arbeiten fieberhaft am neuen Impfstoff, der uns erlösen wird vom Virus, vom Bösen! Die Menschen müssen dieser Erlösung entgegenfiebern, der weltweiten Massenimpfung. Nur mit Repression, ohne das Prinzip Hoffnung, können diese Impfungen nicht stattfinden. Die Pharmaindustrie als Erlöser – welch eine „Erzählung"!

Zusammenfassung Teil I

Corona ist zu 80 % ein Phantom, zu 20 % eine wirkliche medizinische Gefahr. Anstatt dieser Gefahr mit mikrobio*logischem* und mikroöko*logischem* Verhalten zu begegnen, dämonisiert man das Virus und „erklärt ihm den Krieg". Dementsprechend sind die Maßnahmen vielfach irrational und völlig überzogen. Man sperrt hunderte Millionen gesunder Menschen wochenlang in Quarantäne und schadet mit der Maskenpflicht mehr als man hilft. Gerade die Entwicklung einer Herdenimmunität hat man so systematisch blockiert, weil man die normale alltäglich feindosierte Auseinandersetzung mit Viren durch Abstands- und Masken-Regelung verhindert. Dadurch sind weitere Infektionswellen vorprogrammiert, speziell in der Winterzeit und besonders in Ländern wie Frankreich und Spanien, wo der Lockdown besonders exzessiv betrieben wurde.

Die Kollateralschäden, die man mit dieser Strategie verursacht, sind gigantisch: in der Wirtschaft, im sozialen Leben der Menschen, psychologisch und nicht zuletzt politisch, wo man eine Zerstörung von Demokratie in bei uns noch nie dagewesenem Ausmaß betreibt.

Die große Lösung für all diese Probleme verspricht man sich von einer Impfung, für die man schon Milliarden ausgegeben hat. Dabei kann man medizinisch davon ausgehen, dass die Impfung, wenn überhaupt, nur eine relativ schwache Wirkung erzielen wird, was ihren schützenden Effekt anlangt; dass sie aber eine Büchse der Pandora öffnet, was mögliche Gefahren und Nebenwirkungen bis hinein in den genetischen Bereich betrifft.

Es ist fraglich, ob die Maßnahmen der Regierung überhaupt Positives gebracht haben, gerade wenn man sich Länder wie Schweden anschaut, wo wenig bis gar nichts gemacht worden ist. Haben doch die recht, die sagen, es sei eine „Test-Pandemie", eine „Virologen-Pandemie", eine „WHO-Pandemie"? Dass wir also, wenn es keine Tests, keine Virologen und keine WHO gäbe, angesichts nicht vorhandener Übersterblichkeit die Seuche gar nicht als solche registrieren würden?

Wenn man sich anschaut, wie man mit der Opposition umgeht, mit denen, die das, was die Regierung macht, nicht so gut finden, dann muss man sich fragen: Was hat Merkel, was hat Spahn, was hat Söder angetrieben? War es wirklich die Sorge um die Volksgesundheit, oder besteht nicht der Verdacht, dass hier ein durchaus mit konventionellen Mitteln handhabbares medizinisches Problem zu einem Mega-Dämon aufgebauscht wurde? Dass eine medizinische Seuche instrumentalisiert wurde und wird, um politische Veränderungen von unvorstellbarem Ausmaß durchzusetzen? Wir müssen uns auch fragen, ob die handelnden Personen wissentlich oder nur als nützliche Idioten anderer politischer Kräfte gewirkt haben.

Was also werfen wir den Regierenden vor?

- ein dämonologisches Konzept, das ein Virus zum „Staatsfeind" macht, und die notwendige Herdenimmunität blockiert.
- die Verbreitung von Angst und Panik über manipulierte Zahlen: Aus positiven Testergebnissen macht man „Infizierte", aus Infizierten „Erkrankte", und aus „an **und mit** Corona Verstorbenen" „Corona-Tote", also an Corona Verstorbene!
- die Quarantäne-Arrestierung von Millionen gesunder Menschen

- drakonische, Existenz vernichtende Strafen bis 25.000 Euro, vor allem beim Einzelhandel und in der Gastronomie
- kriminelles Staatsverhalten bei der Verordnung der Maskenpflicht (schwere Gesundheitsschäden) und bei behördlicher Androhung von Kindesentzug
- die Vorbereitung von Massen-Zwangsimpfungen von fraglichem Wert, aber mit hohem, nicht überschaubarem und gefährlichem Nebenwirkungspotential!
- gigantische, aber vermeidbare Kollateralschäden in der Gesamtwirtschaft
- gigantische, aber vermeidbare Kollateralschäden in der Gesellschaft: Kirchenchöre, Sport- und andere Vereine, Handelsmessen usw. werden auf Eis gelegt und sogar Religionsausübung in massiver und unnötiger Weise eingeschränkt:
- die Störung und Zerstörung des ohnehin schwer angeschlagenen Zusammenhalts in unserer Gesellschaft sowie die Verbreitung von Gereiztheit, Denunziantentum, Resignation, Depression, Suizidalität usw.
- eine wahnhafte, ja totalitäre Überregulierung (Kontaktsperren, „nur zwei Familien", nicht allein auf einer Bank usw.) mit polizeilicher Überwachung
- eine Totalüberwachung über Bewegungsprofil und anderes bis hin zur Etablierung einer Gesundheitsdiktatur!

All dies ist in Schweden nicht geschehen. Stehen die Schweden jetzt wirklich schlechter da als wir??

II. POLITISCHER HINTERGRUND:
ANALYSE EINER ZEITENWENDE

Politik ist die Fortsetzung des Krieges mit anderen Mitteln – frei verdreht nach Clausewitz! Es geht um Gegensätze, für die man irgendeine Lösung finden muss. Diese Gegensätze können zwischen verschiedenen Rassen resp. Ethnien bestehen, zwischen verschiedenen Kulturen, zwischen verschiedenen Nationen. Es kann auch um Herrschaft als solche gehen – um möglichst viel Macht über möglichst viele Menschen, um eigene Interessen und Vorstellungen durchzusetzen!

Neben und über diesen vier Ebenen, der rassischen, der kulturellen, der geopolitisch-nationalen und der reinen Macht-Gegensätze, d. h. der reinen Politik, gibt es noch eine fünfte quasi religiöse Ebene, die über den anderen vier Ebenen steht und sie durchdringt. Von ihr sagt Sunzi (ca. 480 vor Christus), der große chinesische Militärstratege: **Kriege werden vor ihrem Ausbruch in den Tempeln der Wahrheit entschieden.**

Die ethnisch-rassische Dimension der Politik

Die rassische Dimension in der Politik spielt vor allem in Afrika und in den USA eine Rolle. In Afrika sind es einerseits innerrassische Auseinandersetzungen, am bekanntesten und grausamsten die zwischen Tutsi und Hutu. Andererseits bestand in Südafrika unter dem Begriff *Apartheid* ca. 100 Jahre lang ein System der Rassentrennung. Inwieweit solche Systeme eine entwicklungsgeschichtliche Notwendigkeit für Populationen sind, die sich aus der Steinzeit kommend in die moderne Zivilisation einfügen müssen, kann heute infolge allgemeiner hochgradiger ideologischer Verdummung nicht einmal als Frage aufgeworfen werden.

Auf jeden Fall ist das Apartheid–System 1994 in Südafrika untergegangen. Es herrscht dort jetzt ein wirtschaftliches und soziales Chaos mit höchstentwickelter Kriminalität. Was jetzt an Rassismus dort zu finden ist, ist im Wesentlichen schwarzer Rassismus gegen Weiße, der sich in Überfällen, Vertreibungen und Morden an Farmern und anderen ausdrückt und wesentliche Ursache für das wirtschaftliche Desaster dieses Staats sein dürfte.

In Amerika gab es schon in den indianischen Kulturen Sklaverei, die von den Kolonisten des 17. Jahrhunderts fortgeführt wurde. Bei ihrer Gründung (Unabhängigkeitserklärung 1776) hatten die USA ca. 460.000 Negersklaven. Die Gründerväter der USA nahmen zwar den Mund mit ihren Hymnen auf Freiheit und Menschenrechte sehr voll, die Negersklaverei nutzten sie aber in ihrer gesellschaftlichen Praxis ganz selbstverständlich weiter. Während sich in Portugal die „Abolition" (Abschaffung der Sklaverei) schon 1771 durchsetzte, wurde sie in den USA erst 1865 im Sezessionskrieg zwischen Nord- und Südstaaten offiziell abgeschafft. Ein Zwangsarbeitssystem aber bestand weiter. Rassentrennung und struktureller Rassismus in dem Sinn, dass Schwarzen zahlreiche gesellschaftliche Positionen verwehrt waren, endeten in den USA erst in der Kennedy-Ära der frühen 1960er Jahre, wobei die letzte große Emanzipationswelle, angeführt von Martin Luther King, eine entscheidende Rolle spielte. Heute können Schwarze im US-amerikanischen Staat praktisch jede Position einnehmen, und sie tun das auch: als Richter, als Chefärzte, als Polizeikommissare usw. bis hin zum Präsidenten!

Es ist eine Kankheit unserer Zeit, Geschichte nicht politisch objektiv, sondern subjekt moralisch und vielfach moralisierend zu betrachten. Das führt dazu, dass man nicht mehr die beiden Seiten der Medaille sieht und vor allem auch nicht mehr mitbekommt, wenn eine Emanzipationsbewegung kippt und reaktionär wird und in ihr Gegenteil umschlägt. Der heute dominante emotionale schwarze Rassismus gegen Weiße kann wohl als Rebound-Phänomen historisch verstanden werden, hat aber tatsächlich nirgendwo mehr eine strukturelle Grundlage und ist auch moralisch in keiner Weise zu rechtfertigen!

Wenn man argumentiert, dass Schwarze weniger intellektuelle Positionen innehaben und häufiger kriminell sind und damit automatisch eine weiße Schuld impliziert, dann ist das nicht mehr Abwehr von Anti-Schwarzen-Rassismus, sondern der Übergang in Anti-Weißen-Rassismus. Schließt man doch damit von vornherein aus, dass Schwarze als Kollektiv noch erhebliche zivilisatorische Defizite haben, die man nicht einfach wegreden kann. Wohl gibt es viele Schwarze, die wesentlich intelligenter sind als viele Weiße, aber es ist z. B. Fakt, dass der Intelligenzquotient der Schwarzen insgesamt niedriger ist als der der Weißen. Das spiegelt sich dann auch in den entsprechenden Berufsstatistiken wider und drückt sich zum Beispiel darin aus, dass es, wenn überhaupt, nur ganz wenige schwarze Nobelpreisträger gibt. Das mag sich in den nächsten Jahrzehnten oder vielleicht auch erst Jahrhunderten allmählich ändern, sollte aber vorerst einmal ohne Rassismusvorwürfe gegen Weiße akzeptiert werden. Wer dies nicht tut, ist meines Erachtens schon hochgradig vom Anti-Weißen-Rassismus infiziert.

Die rot-grünen Kommunisten, zu deren Ideologie Anti-Weißen-Rassismus genuin gehört, mögen im Dreieck springen: Es gibt weiterhin Rassen, und es gibt Unterschiede zwischen den Rassen, und es ist kein Zufall, dass in der Bundesliga immer mehr schwarze Spieler brillieren und in manchen olympischen Disziplinen Weiße überhaupt keine Chance mehr haben. Genauso wenig aber handelt es sich um Diskriminierung, wenn in akademischen Positionen und anderen Berufen Schwarze weniger repräsentiert sind. Wer hier mit Quoten kommt, betreibt Rassismus, und zwar gegen Weiße. Es ist skandalös, dass die rot-grüne Sprachpolizei versucht, dieses Thema derartig mit einem Tabu zu belegen, dass allein schon die Diskussion darüber zu den unflätigsten Beschimpfungen führt.

Politisch relevant ist heute in den USA nicht der Rassismus weißer Polizisten gegen Schwarze, sondern der Rassismus schwarzer BLM-Aktivisten gegen Weiße. Es ist ein emotionaler Hass-Rassismus, und es ist unerträglich, dass der kriminelle Terrorismus der BLM-Bewegung, der sich in brutalen Bürgerkriegsaktionen, Vandalismus und roher Gewalt nicht zuletzt gegen die Polizei äußert, von unseren GEZ-zwangsfinanzierten öffentlich-rechtlichen Medien ständig verharmlost und gerechtfertigt wird.

Diesen BLM-Hass-Rassismus wollen die rot-grünen Kommunisten jetzt bei uns in Europa importieren und hoffähig machen. Sie arbeiten dabei vor allem mit dem Kolonialismus-Vorwurf und wollen uns damit wieder mal eine neue Schuld aufs Auge drücken.

Die zwei Seiten des Kolonialismus

Der Kolonialismus war ein gigantischer historischer Zusammenprall zweier Kulturen, nämlich archaischer Primitiv-Kulturen auf der einen und der hochentwickelten europäisch-christlichen Kultur auf der anderen Seite. Dass bei solchen Megaereignissen auch viel Blut fließt, ist eine historische Grundwahrheit, und gerade die Engländer und Belgier haben sich dabei in besonderer Weise schuldig gemacht. Insgesamt aber war der Kolonialismus ein zivilisatorisch-kultureller Impuls, der den Afrikanern geholfen hat, sozusagen im Zeitraffertempo in die weltgeschichtliche Gegenwart hineinzukommen! Das fängt mit der christlichen Religion an, die archaische sexualistische und auch kannibalistische Kulte abgelöst und überwunden hat, auch wenn sich einiges davon residual noch in gewissen Sexualpraktiken in Afrika findet (Sodomie, Sexualverkehr mit Kleinstkindern, „um sich von HIV zu befreien" usw.).

Dazu gehört weiter die Entwicklung und Förderung von Schulen und Universitäten, der Aufbau eines modernen Gesundheitswesens, des Verkehrswesens usw. Wertet man den Kolonialismus insgesamt, so ist meines Erachtens Dankbarkeit von Seiten der Afrikaner eher angezeigt als permanente Rassismusvorwürfe. Gerade Deutschland genießt in zahlreichen afrikanischen Ländern immer noch ein hohes Ansehen aus der Kolonialzeit, was auch die rot-grünen Schwachköpfe nicht wegreden können. Selbst der Begriff „Neger" ist bei uns mitnichten rassistisch, sondern in deutscher Tradition – im Gegensatz zum amerikanischen „Nigger" – eine wertfreie Bezeichnung afrikanischer Menschen.

Inzwischen sind Milliarden Entwicklungsgelder nach Afrika geflossen und dort versandet. Das liegt nicht am

Kolonialismus, sondern an der dort vorherrschenden Megakorruption. Wenn nun Schwarze in Deutschland, aus Kulturen kommend, die der unseren nicht das Wasser reichen können, uns ständig Diskriminierung vorwerfen oder uns gar ihr verquastes Geschichtsbild aufzwingen wollen und unsere Geschichtsmonumente bis hin zu Christoph Kolumbus glauben einreißen zu können, sagen wir ihnen ganz klar: Liebe Leute, ihr müsst nicht hier sein. Wir brauchen euch nicht, aber ihr braucht uns! Wer sich dankbar bei uns einfügt und unsere Werte und unsere Kultur achtet, ist willkommen. Wer sich aber bei uns nicht wohl, sondern ständig diskriminiert fühlt und glaubt, uns ständig Vorwürfe machen zu müssen, der möchte bitte so schnell wie möglich dorthin zurückkehren, wo er hergekommen ist und sich hoffentlich nicht diskriminiert fühlt. Wir zahlen die Reisekosten, aber nur für die Hinfahrt.

Der Kulturfaktor in der Politik

Die zweite Dimension der Politik ist vom Kulturfaktor bestimmt. **Es geht um den Kampf der Kulturen.** Kultur ist, ich zitiere den Wojtyla-Papst, „gelebter Glaube". Das heißt, letzte Grundlage von Kultur ist immer eine Religion. Weltweit gesehen ist der Islam der wichtigste *politische* Kulturfaktor. Gegenspieler ist wesentlich nicht mehr eine christliche Gesellschaft mit einer entsprechenden Kultur, sondern der westliche Menschenrechtskult. Das offizielle Christentum mit seinen trostlosen Führungsgestalten, allen voran einem satanistischen Papst, hat sich weitgehend aus der Weltpolitik verabschiedet und wirkt hier allenfalls noch als läppische Hilfstruppe des Menschenrechtskults. Dieser ist im Wesentlichen eine säkulare amerikanische Ideologie, die auf einem überzogenen und verabsolutierten Humanismus beruht. Diese Ideologie hat sich vollständig von der christlichen Religion gelöst. Im Gegensatz zum Christentum und anderen Religionen, die vor allem Gottesrechte und Menschenpflichten betonen, geht es hier um Menschenrechte. Diese werden immer grotesker definiert: vom Menschenrecht auf sexuelle Abstrusitäten über ein Menschenrecht auf Schleuserkriminalität bis hin zu einem Menschenrecht auf Abtreibung, die manche jetzt bis zur Geburt legalisieren wollen.

Auch die islamische Kultur ist offen für gruselige Absurditäten: von Tetragamie und Ganzkörperverhüllung über Zwangsbeschneidung Minderjähriger bis hin zur Kinderehe! Den Ehrenmord lassen wir hier mal weg.

Sowohl der islamische Schariakult als auch der amerikanische Menschenrechtskult sind aggressiv, missionarisch und expansiv und beanspruchen weltweite Universalität. Der islamische ist der ältere. Er begann mit Mohammed. Der Islam expandierte im gesamten Orient und in Nordafrika bis nach Südwest-Europa, nach Spanien. 732 wurde er von dem Karolinger Karl Martell, dem Großvater Karls des Großen, bei Tour und Poitiers gestoppt. Seitdem spielt der fundamentale Gegensatz zwischen Islam und Christentum eine große weltpolitische Rolle, wobei erst einmal der Islam als expansiv-militärischer Aggressor gesehen werden muss.

Die zweite große islamische Attacke begann mit den Türken, die aus Zentralasien kamen, den Islam annahmen und **1057 Jerusalem und 1071 Anatolien** eroberten. In sieben Kreuzzügen versuchten die Christen (zwischen 1095 und 1291) letztlich erfolglos, den islamischen Vormarsch zu stoppen. 1453 eroberten die Moslems das christliche Byzanz, machten aus der Hagia Sophia, der wichtigsten und schönsten christlichen Kirche, eine Moschee und zogen weiter nordwestlich gen Europa. 1529 und dann nochmals 1683 standen sie vor Wien. Die christliche Habsburger-Dynastie verhinderte im Bündnis mit Polen (König Johann III. Sobieski) die Eroberung der Stadt. Schon vorher hatten die Türken schwere Niederlagen gegen die spanischen Habsburger und die Venezianer erlitten (1571, Seeschlacht von Lepanto). Ab 1700 wurden sie systematisch aus Südost-Europa vertrieben (Prinz Eugen und andere), bis sie 1912/3 in den Balkankriegen schließlich auf ihr Kerngebiet in Anatolien zurückgeworfen wurden. Jahrhundertelange Kriege hatten das osmanische Türken-Reich ausgelaugt, so dass man jetzt – sie gehörten auch noch zu den Verlierern des I. Weltkriegs – nur noch vom „kranken Mann am Bosporus" sprach.

Säkulare Kräfte (Kemal Pascha) gründeten 1923 die heutige Türkei und versuchten, sie zwangsweise zu europäisieren, was gescheitert ist und angesichts der tiefen, fast tausendjährigen Verankerung des Islam in der Türkei letztlich ein unsinniges Unterfangen war.

Die dritte große Attacke des islamischen Kulturkreises gegen Europa begann 1967, wobei hier der Begriff Attacke eigentlich falsch ist, denn hier waren nicht die Moslems der primäre Aggressor. Es begann mit der von den USA und der Stalinschen Sowjetunion über die UNO gewaltsam durchgesetzten Gründung eines jüdischen Staates, gegen den Willen der arabischen Staaten und Völker. Zunächst entwickelte sich ein nationaler Widerstand, angeführt vom ägyptischen Präsidenten Nasser. Im Sechstage-Krieg 1967 brach durch den fulminanten Sieg der von den USA unterstützten Israeli dieser national-politisch ausgerichtete Widerstand zusammen und transformierte sich in einen jetzt primär religiös geprägten islamistischen Widerstand. So gesehen kann der Sechstage-Krieg von 1967 als die Wiedergeburt des Islamismus betrachtet werden. Dieser konzentrierte und beschränkte sich – abgesehen von einzelnen Attentaten wie dem auf die israelischen Sportler bei der Olympiade von 1972 – zunächst auf Palästina und den Nahen Osten.

Das änderte sich, als die USA mit dem zweiten (1990) und dem dritten Golfkrieg (2003) den Irak zerstörten, dann Libyen und Syrien mit Krieg überzogen und damit letztlich den ganzen Nahen Osten in Chaos und Elend stürzten. Der Westen handelte hier nicht einheitlich. Die Akteure waren die USA und ihre „Koalition der Willigen", der deutsche Staat war an diesem großen Völkerrechtsverbrechen nur in begrenztem Maße beteiligt.

Der Islamismus erfasste jetzt mit voller Wucht Europa, und zwar in zweierlei Form: Zum einen gab es direkte Attentate durch Gruppierungen des militärisch-terroristischen Islamismus, in Spanien, England und dann überall. Mit der Entstehung des sog. Islamischen Staates (erst ISIS, dann IS) 2004 wurde der terroristische Islamismus innenpolitisch eine strategische Gefahr für Europa.

Zum anderen entwickelte sich ab 1990 auch der zivile Islamismus zu einer strategischen innenpolitischen Gefahr für Europa und den deutschen Staat: über eine systematisierte Zuwanderung (gesteuert vor allem durch das Religionsministerium in Ankara), über die Bildung parallell-gesellschaftlicher Strukturen (Bau von Großmoscheen, finanziert von Saudi-Arabien usw.) bis hin zur Einführung der Scharia in muslimischen Enklaven auch in Deutschland.

Offensichtlich findet mitten in Europa, mitten in Deutschland ein von den Moslems offensiv geführter und strukturierter Kampf der Kulturen gegen die vormals christlichen Gesellschaften statt. Während der Angriff der USA und ihrer Verbündeten auf den Nahen Osten nicht primär kulturell, sondern geopolitisch motiviert war, ist der muslimische Gegenschlag in Europa primär als Kulturkampf angelegt und als solcher motiviert.

Es ist also notwendig und legitim, gegen die Islamisierung Europas zu Felde zu ziehen, sich gegen den Bau von Großmoscheen zu wehren, die unser Stadtbild kulturell völlig verändern. Es ist auch sinnvoll, Burkas und Kopftücher im öffentlichen Raum zu verbieten. Dabei geht es nicht um ein Stück Stoff, sondern um Symbole des Kulturkampfes, die quasi eine Kriegserklärung der islamischen Kultur an unsere Kultur darstellen.

Wir sollten uns aber vor einem emotionalisierten Antiislamismus hüten, wie er sich mitunter im Umfeld der AfD verbreitet. Seien wir uns bewusst, dass der Ursprung dieses Konflikts in der amerikanisch-westlichen Aggressionspolitik liegt, von 1947 über 1967 bis heute, und dass die USA und ihr Anhang in diesem Konflikt den Nahen Osten in beispielloser Weise destabilisiert und verwüstet haben. Unser Hauptkontrahent sind hier nicht die Islamisten, sondern die geopolitischen Akteure in den USA.

Wir dürfen uns auch nicht von Israel instrumentalisieren lassen. Israel will sein Atomwaffenmonopol im Nahen Osten und die Abkehr von der „Zwei-Staaten-Lösung" mit allen Mitteln gegen die dort lebenden Moslems durchsetzen. Dieser israelische Antiislamismus kann und darf nicht der unsere sein, weil er erstens keine moralische Legitimation hat und zweitens unseren geopolitischen Interessen im Nahen Osten zuwiderläuft.

Die Islamisierung bei uns geschieht im Wesentlichen über Zuwanderung. Von daher sind nicht primär die

Islamisten, sondern diejenigen, die für diese Zuwanderungspolitik verantwortlich sind, anzugehen. Es sind die Strippenzieher in Brüssel sowie das Berliner Merkel-Regime, die die Migration nutzen, um die Nationalstaaten, vor allem Deutschland, zu destabilisieren und letztlich aufzulösen.

Der Islam gehört nicht zu Europa. Er ist hier im wahrsten Sinne des Wortes eine Dystopie, aber er ist nicht generell unser Feind. Das heißt, wir sind nicht gegen den Islam, sondern gegen dessen Expansion in Europa. Wir verteidigen hier unseren immer noch christlich geprägten kulturellen Lebensraum gegen dessen Eroberung und Vernichtung durch Islamisierung. Dabei konzentrieren wir uns nicht auf die kulturelle, sondern auf die politische Seite des Problems: auf das westlich-globalistische System, das gezielt Staaten, Nationen und Religionen aufeinanderhetzt und diese sich zerfleischen lässt, um seine globalen Machtambitionen zu verwirklichen.

Dabei können und müssen wir muslimische Bündnispartner finden, denen die Ausschaltung des an der amerikanischen Ostküste beheimateten globalen Aggressors wichtiger ist als eine Islamisierung Europas. Außenpolitisch denke ich an den Iran und andere, z. B. Irak, Ägypten, eventuell sogar die Türkei. Innenpolitisch geht es um Moslems, die sich nicht nur gesetzlich, sondern auch kulturell in dem Sinn integrieren, dass sie die christlich-europäische Kultur als Leitkultur anerkennen. Das heißt z. B. auf Kampfsymbole wie Kopftuch, Großmoscheen etc. bewusst zu verzichten. Lehrerinnen und Staatsanwältinnen, die bis zur letzten Instanz klagen, um ihr Kopftuch im Beruf tragen zu können, gehören sicherlich nicht dazu.

Die dritte, geopolitisch-nationale Dimension der gegenwärtigen Weltpolitik

In den napoleonischen Kriegen ist das I. Deutsche Reich, das *Heilige Römische Reich Deutscher Nation*, zusammengebrochen. Kaiser Franz II. dankte 1806 in Wien ab. In der Folgezeit gab es verschiedene Bünde (Rheinbund 1806, Deutscher Bund 1815, Norddeutscher Bund 1867), die eine neue Reichsgründung versuchten und vorbereiteten. Eine großdeutsche Lösung scheiterte 1848 (Paulskirche Frankfurt) vor allem am Widerstand Preußens. Bismarck wollte aus ideologischen Gründen Österreich vom Reich ausschließen. Es war ihm zu traditionell, zu katholisch und mit seinem südosteuropäischen Anhang (Ungarn, Serbien, Kroatien usw.) zu multikulturell. In drei Kriegen (1864 gegen Dänemark, 1866 gegen Österreich und 1870 gegen den Erzfeind Frankreich) setzte er eine kleindeutsche Lösung durch und ließ 1871 in Versailles (also in Frankreich, nicht in Deutschland!) das neue Deutsche Reich, das *II. Reich* ausrufen. Die süddeutschen Staaten, vor allem Bayern, wurden mehr oder weniger in dieses Reich hineingezwungen. Es gab erbitterte kriegerische Auseinandersetzungen.

Dieses neue Deutsche Reich erlebte nun einen kometenhaften Aufstieg in Wirtschaft und Wissenschaft; kulturell war es schon weniger trächtig als die sogenannte und viel geschmähte deutsche Kleinstaaterei der Jahrhunderte zuvor, und an der Religionsfreiheit (Katholiken-Verfolgung) und der sozialen Harmonie haperte es an allen Ekken und Enden. Der preußische Geist und oft auch Ungeist prägte nicht nur die Kasernenhöfe, sondern auch die übrige Zivilgesellschaft. Als geborener Bayer weiß ich, wovon ich rede.

1914 hatte das Deutsche Reich bereits das damals führende England wirtschaftlich eingeholt; Grund genug für die Briten, den Krieg gegen den gefährlichen Emporkömmling und Rivalen auszurufen und zu führen. Man hatte ihn bereits einige Jahrzehnte unter der Devise „Germaniam esse delendam" („Deutschland muss zerstört werden") vorbereitet, nicht zuletzt in der *Round Table*-Gesellschaft des Cecil Rhodes. England war die treibende und hauptverantwortliche Kraft für den Ersten Weltkrieg. Es hatte die meiste politische Macht und verstand es sehr geschickt, den Gegensatz zwischen Frankreich und Deutschland (Elsass-Lothringen) wie auch den russisch-österreichischen Gegensatz in der Panslawismus-Frage auszunutzen und anzuheizen und daraus einen Weltkrieg zu machen: vier Jahre Kampf auf Leben und Tod, mindestens elf Millionen Tote, und die Schuld an allem schob man im Versailler Friedensdiktat dem Deutschen Reich zu.

Das wichtigste Ergebnis des Ersten Weltkriegs war der Zusammenbruch der drei Kaiserreiche (Deutschland, Österreich und Russland). Sie wurden durch totalitäre nationalsozialistische und kommunistische Systeme ersetzt. Totalitär bedeutet, dass die konventionelle christliche Religion gesellschaftlich mehr oder weniger gewaltsam ausgeschaltet wurde, dafür Politik zur Religion und Religion zur Politik gemacht wurde.

Im Ersten Weltkrieg traten auch die USA erstmals außenpolitisch auf die Weltbühne. Sie entschieden den Krieg durch ihr Eingreifen und machten sich selbst dadurch zum größten Gläubigerstaat der Welt. Damit legten sie die wirtschaftliche Grundlage für ihren weiteren politischen Aufstieg. Sie leisteten sich die Besonderheit, dass 1913 ihre Zentralbank, die Fed, die für den Geld-

umlauf des Dollars inklusive seiner Herstellung verantwortlich ist, von privaten Banken geschaffen wurde – ein
politisch desaströses Unterfangen, das vor allem dem damaligen Präsidenten Woodrow Wilson angelastet werden muss. So konnten einige wenige, vorwiegend jüdische Familien (Rothschild, Schiff, Warburg, auch
Rockefeller) die weitere politische Entwicklung der Ver-
einigten Staaten nachhaltig beeinflussen.

Wirtschaftlich huldigten die USA einem großzügigen
Liberalismus, während ihre gesellschaftliche Situation vor
allem von freikirchlichen Protestanten geprägt wurde. Aus
der sich abzeichnenden Auseinandersetzung zwischen den
totalitären Staaten Deutschland und Sowjetunion wollte
sich vor allem die amerikanische Bevölkerung heraushal-
ten. Die führenden Kräfte unter Roosevelt setzten aber alles daran, auf Seiten der Sowjetunion in den Krieg einzugreifen. Zu sehr fürchteten sie, und das zu Recht, dass
Deutschland, ohne Unterstützung der Sowjetrussen durch
die USA, einen solchen Krieg gewonnen hätte. Im Übrigen
wären auch die USA allein nicht in der Lage gewesen, das
in jeder Hinsicht enorm erstarkte nationalsozialistische
Deutschland zu besiegen. Dies war nur in einer großen Allianz der USA mit Russland möglich.

Nach dem Sieg über Deutschland brach die Allianz
zwischen amerikanischem Liberalismus und sowjeti-
schem Kommunismus sofort auseinander. Der amerikanische General Eisenhower wollte noch 1945 den Krieg
gegen die Sowjetunion aufnehmen, wurde aber von seinen Beratern zurückgepfiffen. Sie machten ihm klar,
dass im Hinblick auf Bodentruppen die Russen den
Amerikanern etwa um den Faktor 10 überlegen waren,
und nur mit Navy und Air Force der Amerikaner war
Russland nicht zu bezwingen.

Auch Stalin hatte erwogen, den Krieg gegen die USA umgehend aufzunehmen. Nicht zuletzt deswegen haben diese im August 1945 die Atombomben über Hiroshima und Nagasaki abgeworfen – ein gigantisches Menschheitsverbrechen einerseits, eine Warnung an die Sowjets andererseits, da diese über solche Waffen nicht verfügten. So kam es zu einem mehr oder weniger brüchigen Frieden, der so friedlich nicht war und deshalb zu Recht als „Kalter Krieg" bezeichnet wird.

Die Amerikaner und ihr „Westen" gewannen 1989 diesen Krieg. Sie hatten sich Westeuropa wirtschaftlich und politisch de facto einverleibt, vor allem über NATO und EU, und sich fortan „der Westen" genannt. Die Sowjet-Russen haben diesen Krieg verloren, weil sie Religion, gesellschaftliche Freiheit und freiheitliches Unternehmertum von Grund auf unterdrückten. So kam es zu verschiedenen Aufständen: 1953 in Berlin, 1956 in Ungarn, 1968 in der Tschechoslowakei, 1980 in Polen. Als sie glaubten, sich zwischen 1980 und 1990 auch noch einen Krieg in Afghanistan leisten zu können, brach der sowjetische Unterdrückungsapparat an seiner eigenen Unfähigkeit zusammen.

Die Amerikaner waren jetzt alleinige Supermacht und begannen, einen Krieg nach dem anderen zu führen: 1990 den ersten Krieg gegen den Irak, 1998 in Serbien, 2001 in Afghanistan, 2003 den II. Irak-Krieg, dann Libyen und Syrien – sie wurden immer erfolgloser und schwächer, während ihre Rivalen immer stärker wurden: vor allem das kommunistische China, aber auch Russland, das in den letzten Jahren erhebliche geopolitische Erfolge verzeichnete; schließlich Deutschland, das zu einer wirtschaftlichen Großmacht in Europa herangewachsen war.

Die geopolitische Situation heute

Geopolitisch sieht die Situation heute so aus: Wir haben eine US-Supermacht, die sich auf dem absteigenden Ast befindet, die die Kriege im Nahen Osten praktisch verloren hat und sich auch aus Afghanistan weitgehend zurückziehen muss. Als amerikanischer Nationalstaat werden sie schon mittelfristig nicht mehr die Nummer 1 sein. Diese Rolle will das kommunistische China übernehmen. Es ist dabei sehr erfolgreich. Insbesondere über das Projekt *Seidenstraße* werden zahlreiche regionale Staaten in ein chinesisches Bündnis einbezogen, und auch in Afrika wächst durch systematische chinesische Wirtschaftshilfe der politische Einfluss der Volksrepublik enorm.

Die USA versuchen im Nahen Osten über Israel und einige arabische Staaten (Saudi-Arabien, Bahrain, Vereinigte Emirate) eine neue breitere antiiranische und antirussische Front aufzubauen, wobei Israel in militärischer Hinsicht inzwischen qualitativ mit an der Weltspitze steht (vor allem Drohnen und Cyber-Krieg). Aber wirtschaftlich und von seinem Bevölkerungspotenzial her ist dieser Staat ein Nichts. Israel setzt zwar alles daran, dies über massive Unterstützung durch amerikanische Juden und auch durch die deutsche Regierung zu kompensieren. Es strengt sich sogar an, Deutschland politisch immer mehr zu vereinnahmen: angefangen von gemeinsamen Regierungssitzungen bis hin zu gemeinsamen Luftwaffenmanövern. Aber trotz aller Kadaverloyalität der deutschen Politik wird Israel dadurch nicht den wirtschaftlichen und politischen Unterbau bekommen, den es für eine Großmacht bräuchte. So wird die amerikanisch-israelische Allianz im Nahen Osten langfristig der chinesisch-russischen unterlegen sein. Ende 2019 haben die Russen mit den Chinesen und dem Iran ein gemeinsames Flottenmanöver im Golf von Aden durchgeführt, und auch derzeit (Sept. 2020) gibt es wieder gemeinsame Manöver.

Die Russen können geopolitisch mit den beiden Großen nicht mithalten. Sie sind zwar politisch-militärisch immer noch ein Riese, wirtschaftlich aber ein Zwerg, vollständig abhängig von seinen Bodenschätzen Gas und Öl, deren Bedeutung in der Zukunft sicherlich abnimmt. Zudem ist Russland in hohem Maß durch weit verbreitete Korruption geschwächt. Daher kann es allenfalls als Juniorpartner der Chinesen den amerikanischen Attacken widerstehen und überleben.

Deutschland kann mit den beiden Großen noch weniger mithalten; im Gegensatz zu Russland *wirtschaftlich* ein Riese, aber *politisch* ein Zwerg. Hier profiliert es sich ausschließlich mit moralisierenden Phrasen, über die international eher gelacht wird. Außerdem freuen sich viele im Ausland darüber, wie die Deutschen in ihrer Dummheit, die sie selbst „Humanität" nennen, ihren wirtschaftlichen Wohlstand verpulvern und dabei sogar ihre politische Existenz riskieren, um die „Geflüchteten" aus aller Welt zu retten und nach Deutschland zu holen – moralische Weltmacht? Eher hirnkrank!

Geopolitisch pflegt man immer noch die Juniorpartnerschaft mit den USA, komme was da wolle: Vernichtung der Deutschen Bank, Angriffe auf Siemens, noch stärkere Angriffe auf die Autoindustrie (Anti-Diesel-Kampagne mit gigantischen Strafzahlungen an die USA) – all dies ficht die deutsche Nibelungentreue aber nicht an, endlich die Seiten zu wechseln.

Auch die *Europäische Union,* mit Deutschland an der Spitze, kann sich allein nicht auf Augenhöhe mit den beiden Großen der Geopolitik messen, zumal sie gerade geopolitisch völlig zerstritten ist: Der Norden Europas, mit Polen, dem Baltikum und natürlich England, ist genuin proamerikanisch, der Süden und Osten eher pro-russisch. Wie soll da eine politische Einheit zustande kommen?

Die einzige Chance der Deutschen, um aus der NATO-Unterwerfung und der immer erbärmlicheren Rolle als Juniorpartner der USA herauszukommen, wäre ein Bündnis mit Russland. Für Russland wäre ein deutsch-europäischer Bündnispartner besser als die Juniorpartnerschaft mit den Chinesen. Gemeinsam könnten Russland und Deutschland auf Augenhöhe mit den Chinesen und den Amerikanern agieren.

Putin hat das früh erkannt und zu Beginn seiner Amtszeit 2000 (Rede 2001 im Deutschen Bundestag) alles daran gesetzt, dieses Bündnis herzustellen. Auch der damalige deutsche Bundeskanzler Gerhard Schröder war bereit, in diesem Sinn zu agieren. Dennoch kam das Bündnis nicht zustande, nicht zuletzt infolge eines offensichtlich genetisch bedingten Transatlantizismus vor allem der C-Parteien und auch der Grünen. So gelang es den amerikanisch-westlichen Elementen in Deutschland, Schröder unter einem Vorwand (Agenda 2010) durch die US-EU-hörige Angela Merkel zu ersetzen, einem kommunistischen FDJ-Apparatschik aus der ehemaligen DDR. Merkel trieb in amerikanisch-westlichem Interesse Deutschland zunehmend in die politische Konfrontation mit Russland, wobei die erheblichen Wirtschaftssanktionen gegen Putin der deutschen Wirtschaft genauso schaden wie der russischen!

Inzwischen hat Putin große geopolitische Erfolge im Nahen Osten eingefahren, und jetzt auch seine Position gegenüber Deutschland offensichtlich geändert. Das Papier, das er zum 9. Mai 2020 veröffentlicht hat, offenbart eine Rückkehr zu einer neokommunistischen Außenpolitik: Nicht nur, dass der Systemkrieg zwischen Deutschland und Russland, der II. Weltkrieg, weiterhin zum „Vaterländischen Krieg" Stalins verklärt wird – der Nationalsozialismus wird in westlicher Zeitgeist-Manier dämonisiert und der totalitäre Charakter des Sowjetkommunismus als „Fehler" Stalins hingestellt und in entsetzlicher Weise verharmlost! Zu allem Überfluss hat Putin auch noch zu einer neuen Jalta-Konferenz „der großen Fünf" eingeladen. England und Frankreich zu den „großen Fünf" der Weltpolitik zu zählen, ist schon ein Witz, und auch Russland kann geopolitisch nicht gleichwertig neben China und USA genannt werden (siehe oben). Was überhaupt China auf einer Neuauflage der Jalta-Konferenz soll, ist auch nicht ganz klar. Auf jeden Fall wollte Putin allen Ernstes über das Schicksal Deutschlands und einen Friedensvertrag mit ihm diskutieren, und das ohne Deutschland – ein Affront und alles andere als eine gute Grundlage für eine strategische Partnerschaft!

Dennoch hat sich an der grundsätzlich gemeinsamen Interessenslage von Deutschland und Russland nichts geändert, und Bismarck hat schon richtig gesagt: Staaten haben keine Freunde, sondern Interessen! In diesem Sinn ist das skizzierte Bündnis mit Russland weiterhin notwendig und möglich. Was seine Langfristigkeit angeht, das heißt seinen strategischen und nicht nur taktischen Charakter, so hat sich der durch Putins Verhalten der letzten Zeit deutlich relativiert. Man kann das angesichts der nicht akzeptablen Merkelschen Russlandpolitik psychologisch verstehen, politisch aber nicht gutheißen.

Die vierte Dimension – der Globalismus: die Transformation von internationaler Geopolitik in eine supranationale Weltinnenpolitik

Politik ist also ein „ziviler Krieg", der sich in verschiedenen Dimensionen abspielt. Die entwicklungsgeschichtlich älteste ist mutmaßlich die rassisch-ethnische, dann die kulturelle und dann die nationale, die geopolitische Dimension, in der wir heute noch vorwiegend agieren. Ziel von Politik ist immer die Erlangung von Macht.

In der geopolitischen wie auch in der vierten, der globalistischen Dimension geht es um Weltmacht. Der Unterschied ist folgender: *Geopolitisch* versucht eine Nation oder eine Nationen-Gruppe die Macht über andere Nationen zu erlangen. Im Gegensatz dazu wird in der globalistischen Dimension der nationale Faktor aufgelöst: Die nationalstaatlichen Strukturen werden abgebaut und durch neue globale Strukturen wie z. B. die EU ersetzt. Aus der Geopolitik, in der die Außenpolitik der verschiedenen Staaten und Nationen die entscheidende Rolle spielte, wird eine Weltinnenpolitik, ein Kampf um die Etablierung einer Weltregierung, die in einem Welteinheitsstaat die Gewalt ausübt.

Um diesem Ziel näherzukommen, genügt es nicht, nur die Staatsgrenzen abzuschaffen. Man muss auch die nationalen Bevölkerungen mit ihren spezifischen Kulturen auflösen. Deswegen treibt man die Massenmigration voran, durch die infolge von Durchmischung und Austausch in ein paar Generationen eine neue Welteinheitsrasse entstehen soll. Durch kulturelle Vermischung (*Multikulturalismus*) schafft man auch die verschiedenen Einzelkulturen ab, indem man ihnen die Möglichkeit nimmt, sich zu entfalten. Man legt so den Grundstein für eine Welteinheitskultur oder besser: einen Welteinheitskult, in dem dann Begriffe wie „Menschenrechte" und „Demokratie" zumindest phraseologisch eine Rolle spielen.

ONE steht groß auf der seit 1935 nicht veränderten amerikanischen Dollar-Note: *eine* Welt, *eine* Rasse, *ein* Staat, *eine* Regierung und nicht zuletzt: statt vieler Religionen *ein* Kult, der für alle zu gelten hat. Teile der US-Eliten planen schon lange diesen Weg. Sie sind bereit und gewillt, den eigenen amerikanischen Nationalstaat aufzugeben, um dessen Struktur, das von ihnen entwickelte amerikanische Modell zum Modell der ganzen Welt zu machen und global zu etablieren.

In einem **UNESCO-Papier** von 1951 (UNESCO = Tochterorganisation der UNO) steht lapidar Folgendes: „Über den verschiedenen Ländern mit ihren mannigfachen Gesetzen muss eine allgemeingültige Gesetzgebung bestehen, die Schritt für Schritt eine einzige Kultur und eine einzige Philosophie allen Völkern aufzwingen kann."

Und der jüdische Großbankier James Warburg erklärte schon 1950 vor dem US-Senat: „Wir werden eine Weltregierung haben, ob es uns gefällt oder nicht. Die einzige Frage ist, ob die Weltregierung durch Eroberung oder Einwilligung erreicht wird."

Der größte Konkurrent der westlichen Globalisten ist die Volksrepublik China. Sie will eher auf konventionellem geopolitischen Weg die Weltmacht erobern. Sie strebt also erst einmal an, dass ihr chinesischer Nationalstaat alle anderen Staaten dominiert. So stehen sich nationale chinesische Eliten und amerikanisch-westliche Eliten gegenüber, wobei letztere sich nicht mehr als amerikanisch, ja nicht einmal mehr als „westlich" verstehen, sondern als *transnational-global*, also *globalistisch*. Das heißt konkret Folgendes:

Macht über andere Staaten wird nicht primär politisch-militärisch, sondern von innen her über die Wirtschaft eines Staates aufgebaut. Wenn man die Macht über die Wirtschaft eines Staates hat, kann man dessen Politik wesentlich beeinflussen. Kreditvergabe und Verschuldung sind dabei entscheidende Mittel, und wenn man das systematisch und gezielt einsetzt, kann man die agierenden Politiker erpressen und diese Staaten gegebenenfalls in den wirtschaftlichen Ruin hineintreiben. Voraussetzung ist, dass nicht selbstbewusste „Autokraten", sondern labile und volatile Mehrheiten, was man „Demokratie" nennt, die Politik bestimmen. **Die Transformation wirtschaftlicher Macht in politische ist das Geheimnis des westlichen Globalismus.** Es begann 1913 mit der Gründung der Fed.

Um die Machtübernahme über die Wirtschaft eines Staates zu verschleiern, bedarf es einer gewissen Subversion: Wichtige politische Aktionen, Zugeständnisse, Absprachen etc. geschehen hinter den Kulissen.

David Rockefeller, der einflussreiche Milliardär, der der UNO 1948 das Grundstück in New York für ihren Zentralbau gestiftet hat, gestand den großen Plan und die subversive Vorgehensweise inzwischen offen ein:

„Wir sind der *Washington Post,* der *New York Times,* dem *Time Magazine* und anderen großen Publikationen dankbar, deren Direktoren **seit fast 40 Jahren** unseren [Bilderberger-]Treffen beigewohnt und ihre Versprechen der Verschwiegenheit gehalten haben. Es wäre für uns unglücklich gewesen, unseren **Plan für die Welt** zu entwickeln, wenn wir während dieser Zeit dem

Licht der Öffentlichkeit ausgesetzt worden wären. Inzwischen aber ist die Welt höher entwickelt und darauf vorbereitet, einer Weltregierung entgegen zu gehen. **Die supranationale Souveränität einer intellektuellen Elite und der Weltbanker ist mit Sicherheit der nationalen Selbstbestimmung,** so wie sie in vergangenen Jahrhunderten praktiziert wurde, **vorzuziehen.**" (auf der Bilderberger-Konferenz 1991 in Baden-Baden)

Noch offener bekennt sich **Henry Kissinger** zu den betrügerischen Manövern der globalistischen Putschisten:

„Heute wären Amerikaner außer sich, wenn UN-Truppen nach Los Angeles kämen, um wieder Ordnung herzustellen, morgen sind sie dankbar. Das trifft besonders dann zu, wenn ihnen erzählt wird, eine Gefahr von außen existiere, ob nun wahr oder erfunden, die unsere Existenz bedrohe.
Alle Menschen der Welt werden dann den Führern der Welt beipflichten, sie vom Bösen zu erlösen. Das Einzige, was jeder Mensch fürchtet, ist das Unbekannte. Tritt das präsentierte Szenario ein, werden die Menschen ihre persönlichen Rechte freiwillig aufgeben, wenn ihnen im Gegenzug das persönliche Wohlergehen durch die Weltregierung garantiert wird."

(auf dem Bilderberger-Treffen 1992 in Evian, Frankreich)

Donald Trump – das derzeit größte Problem der Globalisten

Die Strukturen, die eine solche von Rockefeller und Kissinger angekündigte Weltregierung vorbereiten, sind leicht zu erkennen. Man braucht dazu keine Verschwörungsliteratur. Sie erschließen sich mit etwas Nachdenken dem normalen Zeitungsleser.

Die Spinne im Netz ist die Wallstreet. Sie lenkt über die Fed das US-amerikanische Regierungssystem. Aber gerade hier hat sich mit der Wahl Donald Trumps zum Präsidenten ein gigantisches Problem für die Globalisten aufgetan. Trump ist kein Globalist, sondern Nationalist. Er betreibt eine national-imperialistische Politik gegenüber seinen Konkurrenten, gegenüber der EU und Deutschland, gegenüber Russland und vor allem gegenüber der Volksrepublik China.

Aber er ist nicht bereit, den amerikanischen Nationalstaat einer Weltregierung zu opfern; im Gegenteil, er will ihn wieder groß machen. Auch seine Konkurrenten, die anderen Nationalstaaten, wie Deutschland, Russland und China, will er nicht, wie die Globalisten, von innen her auflösen, sondern von außen in konventioneller imperialer Manier dominieren.

Der sich hier äußernde Gegensatz zwischen US-Demokraten und US-Republikanern ist erheblich. Das amerikanische Regierungssystem hat sich sozusagen dissoziiert. Die Demokraten resp. Globalisten haben jetzt ein gewaltiges strategisches Problem, mit dem sie so nicht gerechnet haben. Wir können nicht definitv sagen, welche Institutionen des US-Regierungsapparats Trump-loyal sind und welche eher von den Globalisten gelenkt werden. Wie es aussieht, sind vor allem die Geheimdienste und die Medien globalistisch gelenkt.

Donald Trump lebt sehr gefährlich, gefährlicher als Kennedy! Mit allen Mitteln, nicht zuletzt mit der aktuellen Corona-Strategie, versuchen seine innenpolitischen Feinde seine Wiederwahl zu verhindern. Sollte ihnen das nicht gelingen, behalten Sie sich sicherlich die Kennedy-Lösung vor. Vielleicht war seine „Corona-Infektion" schon der Einstieg in eine elegantere Kennedy-Lösung?

Für uns ist Trump als Sand im Getriebe der amerikanischen Regierungsmaschinerie wichtig, vor allem in Hinblick auf das Pentagon. Wenn in Deutschland beispielsweise Unruhen ausbrechen und die Globalisten ein Eingreifen der amerikanischen Truppen für notwendig erachten, wie verhalten sich dann Pentagon und US-Army? Ähnlich war es 1989 in der DDR. Man wusste nicht, wer in Moskau am längeren Hebel sitzt: Gorbatschow oder die Militärs?

Die vorhandenen Strukturen des Globalismus

Nach der amerikanischen Regierung ist für die Wallstreet-Globalisten die UNO die wichtigste Institution. Sie ist das Zentrum rot-grün-kommunistischer Ideologen, das von Gender bis zum Migrationspakt das geistig-mediale Rüstzeug für die Weltmacht-Pläne der Wallstreet liefert. Denn nur mit ökonomischer Erpressung – ohne entsprechende psychologische Kriegsführung – gelingt das nicht. Genauso wenig könnten die UNO-Menschenrechtskommunisten ohne das Geld der Wallstreet irgendjemanden von ihren Ideologien überzeugen. Wallstreet und UNO brauchen sich gegenseitig. **Man kann das globale System deshalb auch als Wallstreet-UNO-System bezeichnen.**
  Die nächste Ebene des Globalismus unter der amerikanischen Regierung ist die von Weltbank, WTO (Organisation für den Welthandel) und Internationalem Währungsfonds (IWF). Sie sind entscheidende Steuerungselemente der Weltwirtschaft, wie man zuletzt beim IWF wieder sehen konnte: Der weißrussische Präsident Lukaschenko, ein „böser" Autokrat im Sinne der Globalisten, sollte im Juni 2020 vom IWF nur Geld be-

kommen, wenn er von seiner *laisser-faire*-Politik bei Corona auf eine scharfe Lockdown-Politik à la Italien umschwenken würde! Das Beispiel zeigt zweierlei: Corona-Angst und Panik zu erzeugen gehört zum Grundkonzept des Globalismus, und zweitens: Der IWF ist ein Umsetzungsinstrument der Globalisten, um ihre Pläne zu verwirklichen.

CFR, Bilderberger

Die nächstuntere Ebene ist eine Rekrutierungsebene für Kader: *Council on Foreign Affairs* (CFR) und *Bilderberger*-Konferenz. Der CFR entwirft nicht nur außenpolitische Konzepte der USA. Er hat auch die Aufgabe, künftige Präsidentschaftskandidaten zu „briefen", das heißt auf ihre Eignung hin zu überprüfen. Wer sich nicht im CFR „bewährt", hat keine Chance, Präsidentschaftskandidat zu werden, zumal der amerikanische Wahlkampf einen Kandidaten inzwischen mindestens eine Milliarde Dollar kostet! Donald Trump hatte natürlich nicht das Plazet des CFR, dafür aber genügend eigenes Geld, um sich einen solchen Wahlkampf leisten zu können.

Die Konferenzen der Bilderberger werden von vielen mystifiziert. Sie sind nicht so geheimnisvoll, wie es aussieht. Im Wesentlichen geht es um die Einladung von verschiedenen Politikern durch globalistische Insider. Wie der CFR in den USA, testet und plant die Bilderberger-Konferenz in Europa, welche Politiker für „größere" Aufgaben in Frage kommen. So war dort z.B. 2016 neben Merkel, die inzwischen zu den globalistischen Insidern gezählt werden kann, ein eher unbekanntes CDU-Mitglied eingeladen worden: der 36-jährige schwule Bankangestellte Jens Spahn. Schon wenig später wurde er 2017 von Merkel in ihr neues Kabinett als Gesundheitsminister aufgenommen. Er kandidierte dann 2018 für den CDU-Vorsitz und ist inzwischen einer der fünf bekanntesten Politik-Gesichter in Deutschland. Die Auswahl Spahns ist insofern interessant, als er als besondere Qualifikation lediglich eine fünfjährige Lobbyisten-Zeit für die Pharmaindustrie mitbrachte! Das Gesundheitsministerium galt damals freilich als weniger bedeutendes Ressort. Man sieht hier (2016!) einen erheblichen strategischen „Weitblick" für die kommende Bedeutung des Gesundheitsministers bei einer (geplanten?) Pandemie. Gleichzeitig wird deutlich, dass die Globalisten Jens Spahn für einen großen Hoffnungsträger ihres Systems halten.

Auf dieser Ebene agieren auch diverse Konferenzen und Foren für globale Entscheidungsträger: so die *Münchner Sicherheitskonferenz,* der *Club of Rome,* das *Weltwirtschaftsforum,* das einmal im Jahr ein aufsehenerregendes Gipfeltreffen in Davos abhält und andere. Auf den Websites dieser Organisationen finden sich mitunter die Strategiepapiere, in denen die agierenden Globalisten ziemlich offen ihre Absichten und Pläne darlegen.

Medien und Denkfabriken

Die nächstuntere Ebene ist die nationaler Thinktanks und Leitmedien. Wir hören bei uns immer wieder von einer *Funke-Mediengruppe* oder einer *Bertelsmann-Stiftung* oder einer *Stiftung Wissenschaft und Politik* (SWP). Sie tauchen in den Nachrichten auf und sollen diversen System-Meldungen mehr Glaubwürdigkeit verleihen.

Denkfabriken und Leitmedien arbeiten zusammen. Die einen entwerfen Konzepte, die anderen verbreiten

sie propagandistisch. Beide haben sie das Ziel, die Welt
globalistisch-supranational umzugestalten.

NGOs, Soros und Co.

Die unterste Ebene des Systems und präformierten Welt-
staats ist die der NGOs, die vielfach auch mit Geheim-
diensten wie der CIA kooperieren. Es ist die Welt des
George Soros, des größten Schlepperkönigs unserer
Erde, der mit seiner *open society* zahlreiche dieser
NGOs alimentiert. Dabei springt die Finanzierung nicht
immer sofort ins Auge, weil sie über verschiedene Zwi-
schenstationen betrieben wird: *Amnesty International,
Human Rights Watch, Pro Asyl* ... alles edle Menschen,
die vor Moral nur so strotzen und uns in allem, was sie
tun, unser schwerwiegendes humanitäres Versagen glauben demonstrieren zu müsssen. Ihre wesentliche Aufgabe ist es, durch Migration die Weltbevölkerung kräftig
zu durchmischen.

Dabei verletzen sie ständig die Legalität, kapern
Schiffe, bringen ihre „Geretteten" nie an die nächste Kü-
ste, sondern immer nach Europa, verursachen gefährliche Unfälle in Häfen und lassen sich dann auch noch als
Helden feiern, so z. B. die sog. Kapitänin Carola Rak-
kete. Der Ziehvater dieser großartigen Menschenretter,
Herr Soros, ist Jude, was in diesem Zusammenhang eigentlich niemanden interessiert. Dennoch entblöden sich
diverse Systemvertreter nicht, alle, die Soros und seine
Schleuserkriminalität kritisieren, als „antisemitisch" an-
zumachen.

Plutokratie – die Herrschaft des Geldes

Die politische Macht im westlichen Globalsystem gründet auf Wirtschaftsmacht, wobei primär nicht die Industriewirtschaft, sondern die Finanzwirtschaft gemeint ist; und natürlich geht es auch nicht um nationale Sparkassen und Genossenschaftsbanken, sondern um internationale Großbanken, die sich immer noch in besonderer Weise an der Wallstreet konzentrieren. Das Geheimnis ihres Erfolgs, das Geheimnis ihrer Gewinne und ihrer Macht ist, dass sie die ganze Welt verschuldet haben und sie weiter verschulden, so stark wie nur möglich.

Die Schulden müssen so hoch sein, dass die Staaten immer an der Grenze des wirtschaftlichen Crashs stehen. Selbst so starke Volkswirtschaften wie die deutsche haben es nicht einmal in Zeiten der Höchstkonjunktur zwischen 2010 und 2019 geschafft, ihre staatliche Schuldenlast merklich zu senken – oder sagen wir besser: sie durften es nicht schaffen! Gerade mal um 5 % hat man die Schuldenlast von 2,1 Billionen Euro gesenkt, so dass man jetzt mit einer Altlast von zwei Billionen Euro Schulden in die neue Megakrisen-Zeit hineingeht.

Die Großbanken selbst tragen praktisch kein Risiko, denn für Staatsschulden haftet immer der Steuerzahler der verschiedenen Länder. Selbst wenn es nicht um direkte Staatsschulden geht, also beim Ausfall von Privatgläubigern, muss, wie das Beispiel Griechenland gezeigt hat, der Staat die Schulden übernehmen, weil die Banken ja „systemrelevant" seien. Offen bekennt man so, dass im westlichen Gesellschaftssystem die Banken nicht nur die Macht haben, sondern die Basis des gesamten Systems darstellen. Alles darf über die Wupper gehen, aber nicht die systemrelevanten Großbanken – und so arbeiten Milliarden Menschen dieser Welt einen wesentlichen Teil ihrer Zeit nur für die Wallstreet. Wie man das nennt, ist egal: ob „Zinsknechtschaft" oder „Schuldenversklavung" – der in der Linken gängige Begriff „kapitalistisch" ist eher verschlissen.

Natürlich sind nicht nur Banken die Grundlage des Bankensystems, auch private Gesellschaften und diverse Emporkömmlinge oder Einzelspekulanten, wie Bill Gates oder Georges Soros, gehören wesentlich dazu. In den USA haben wir etwa 580 Milliardäre, wobei die „altgedienten" à la Rothschild und Rockefeller nur 15 % ausmachen, 85 % sind Newcomer wie Jeff Bezos, Marc Zuckerberg und andere; in China sind es ca. 300, in Russland etwa 90, dann noch einige weltweit verstreut. Sie sind die Oligarchen des globalen Wallstreet-UNO-Systems – „Plutokratie": die Herrschaft der Mega-Reichen, die Herrschaft des Geldes! Es genügt auch nicht, nur sehr viel Geld zu haben. Man muss die Wallstreet-Lenkungsinstitutionen beherrschen. Voraussetzung dafür ist aber, dass man viel Geld hat. Über diese Strukturen, vor allem den IWF, können in Notlage geratene Staaten erpresst werden. Das geschah nicht nur im Fall *Lukaschenko*, sondern gehört zur generellen Strategie des IWF: Kreditvergaben werden immer an politisch-ökonomische Bedingungen geknüpft, z. B. an die Privatisierung von Staatsunternehmen und Ähnliches. So wird in den vom Wallstreet-System „unterstützten" Staaten die Politik immer mehr zum Erfüllungsgehilfen des Systems und die Demokratie immer mehr zur Fassade, was Horst Seehofer, der es ja wissen muss, treffend auf den Punkt gebracht hat: „Die entscheiden, sind nicht gewählt, und die gewählt sind, haben nichts zu entscheiden."

Dass das so gut funktioniert und so viele Parlamentarier in den westlichen Demokratien dieses Spiel mitma-
chen, liegt vor allem an der institutionellen Korruption:
Die meisten Parlamentarier konnten sich in ihrer vor-
parlamentarischen Zeit nicht annähernd den Lebens-
standard leisten, den sie sich als Parlamentarier leisten
können. Viele von ihnen fallen ohne parlamentarischen
Job finanziell ins Bodenlose. So ist die Bereitschaft, alles
mitzumachen, sehr groß. Ab Mitte der Legislatur überlegt der durchschnittliche Parlamentarier nur noch, was
er tun und sagen muss, damit er wieder gewählt wird.

Die hier dargelegte Auflistung verschiedener Organisationen und Institutionen, von Wallstreet und UNO bis hin-
unter zu den NGOs, stellt den präformierten Weltstaat dar,
das Gerüst, über das dieser weiter aufgebaut und in den
nächsten Jahren vollendet werden soll. Wie wir sehen, ist
das Konzept wirtschafts-basiert (Wallstreet), weltweit verbreitet und langfristig angelegt. Am weitesten entwickelt
ist dieser Amerikanisierungs- = Verwestlichungs- = Globali-
sierungsprozess in Europa. Er hat sich dort in Gestalt der
Brüsseler EU bereits hochgradig institutionalisiert.

Die Brüsseler EU ist das Modell für den Aufbau eines
Einheitsstaates in der ganzen Welt: In kleinen und oft
verdeckten Schritten wird wirtschaftliche Macht systematisch in politische transformiert, wird aus einer Europäischen Wirtschaftsgemeinschaft (EWG) eine politische
Union: die Europäische Union. Diese Taktik der kleinen
und verdeckten Schritte charakterisierte der EU-Ideologe
Jean Monnet wie folgt:

„Europas Länder sollten in einen Superstaat über-
führt werden, ohne dass die Bevölkerung versteht,
was geschieht. Dies muss schrittweise geschehen, je-

weils unter einem wirtschaftlichen Vorwand. Letztlich führt es aber zu einer unauflösbaren Föderation."

Der größte Konkurrent der westlichen Wallstreet-UNO-Strategen auf dem Weg zur Weltmacht ist die Volksrepublik China. Während das westliche Konzept von Grund auf supranational ist und die Nationalstaaten von innen her aufzulösen versucht, ist das chinesische Modell nicht supranational, sondern national-international ausgerichtet: Es strebt nicht einen Weltstaat mit einer Weltregierung an, sondern die Dominanz des chinesischen Nationalstaates über die übrige Welt.

Nun kann man einwenden, dass sich unter den zehn Weltbanken mit dem größten Finanzvolumen mehr chinesische als amerikanische Banken finden und die Volksrepublik inzwischen der größte Gläubiger der USA geworden ist; dass China also den Konkurrenzkampf mit dem westlichen Globalsystem schon gewonnen hat. Dem ist aber nicht so, denn es kommt nicht nur auf das zur Verfügung stehende Finanzvolumen an, sondern noch mehr auf die Steuerungsmacht über die internationalen Finanzmärkte, und hier haben die amerikanischen Banken einen historisch bedingten Vorsprung gegenüber China. Sie werden aber immer mehr gezwungen werden, sich mit dem chinesischen Staat zu arrangieren.

Für die westlichen Strategen ist das größte Hindernis im Konkurrenzkampf mit China der Nationalismus in den eigenen Reihen, sprich Donald Trump; aber auch Vladimir Putin, der sich ebenfalls nicht ins Weltstaat-System einfügt, sondern eine national orientierte russische Föderation aufbaut; schließlich Volkswirtschaften wie die deutsche, die durch ihre Stärke (Siemens, Deutsche Bank, Autoindustrie, Maschinenbau, Chemie) das Zeug dazu haben, eine gewisse Unabhängigkeit von der Wallstreet zu erlangen.

Von außen betrachtet dürfte das supranationale Konzept dem chinesischen nationalen überlegen sein, weil es von innen her, aus den eigenen Volkswirtschaften heraus, die Nationalstaaten manipuliert und transformiert. Der Vorteil des chinesischen Konzepts dagegen dürfte in seinem Totalitarismus liegen: Die Chinesen müssen nicht wie die West-Strategen in ihren immer noch halbdemokratischen Staaten in kleinen verdeckten Schritten agieren, sondern können offen und direkt ihre Zwangsmaßnahmen umsetzen. Die westlichen Strategen haben das erkannt und versuchen jetzt so schnell wie möglich, die Transformation des eigenen Konzepts von einer oligarchisch-halbdemokratischen Struktur in eine vollständig totalitäre umzusetzen. Von den Chinesen lernen bedeutet für sie also, Diktatur zu erlernen und totalitäre Strukturen umzusetzen. Man hat da sicher sehr lange überlegt und irgendwann die geniale Idee gehabt: **Der ideale und schnellste Weg, aus einer Demokratie eine Diktatur zu machen, ist eine Pandemie!**

Mit einer Pandemie als politischer Waffe ist fast alles möglich!

Von einem Tag auf den anderen

- darf die Polizei jederzeit in Wohnungen eindringen, Familienfeiern „überprüfen" etc.
- müssen Sie jeden Schritt, den sie machen, dem Staat melden, ob Friseur, Restaurant oder Kirche.
- darf das Ordnungsamt in ihre Wohnung kommen und ihnen Kindesentzug androhen.

- dürfen Millionen gesunder Menschen tagelang zu Hause eingesperrt werden!
- müssen Millionen Menschen, sogar Kinder, Masken tragen, die sie krank, mitunter schwer krank machen.
- kann man Millionen Strafgelder aus den Bürgern herauspressen, weil sie banale Vorschriften der Regierung nicht beachtet haben.
- kann man für hartnäckige Quarantäne-Verweigerer sogar einen Schießbefehl in die Diskussion bringen.

Durch keine wirtschaftliche Notlage, durch keine Naturkatastrophe, schon gar nicht mit politisch begründeten Notstandssituationen könnte der Staat derartige Maßnahmen rechtfertigen und umsetzen. **Corona ist einfach genial zur Transformation d.h. Umwandlung einer Demokratie in eine Diktatur.** Ich könnte mir vorstellen, dass die Strippenzieher des Corona-Komplotts regelrecht berauscht sind von der Genialität ihrer Idee.

Instrumentalisierung oder Inszenierung – die WHO als Hebel der UNO zur Etablierung einer Gesundheitsdiktatur

Die Frage, ob wir es hier mit einer bloßen Instrumentalisierung oder einer Inszenierung zu tun haben, ob wir also eine missbrauchte Pandemie oder von vornherein eine „Plandemie" haben, ist nicht hundertprozentig zu beantworten. Sehr viel spricht für Letzteres:

Die ersten konkreten Schritte beginnen 2009 mit der Schweinegrippe. Die WHO rief damals schon die höchste Pandemie-Stufe aus, aber zum Bedauern der WHO-Strategen fiel das Ganze aus, weil es kaum Krankheitsfälle gab, und wenn, dann nur relativ harmlose. Dennoch nahm man die Sache zum Anlass, die bis dahin gültige Pandemie-Definition zu ändern. Insbesondere der Satz, dass eine Pandemie mit einer „beträchtlichen Zahl an Toten" verbunden sein müsse, wurde gestrichen. Waren bislang also Schwere der Krankheitsverläufe und Zahl der Todesfälle entscheidend, so galt von nun an jede Infektion, sei es auch nur ein Schnupfen, als „Pandemie", sobald sie gleichzeitig in mehr als zwei Ländern auftrat.

Damit hat die WHO ihre Schlüsselposition für künftige Krisen ausgebaut. Sie legt nicht nur fest, ob Pandemie oder nicht, sondern auch die Pandemie-Stufe, von der abhängt, mit welchen konkreten Maßnahmen medizinisch und sozial (social distancing, Quarantäne etc.) zu reagieren ist. Ein Großteil der Staaten hat sich in Verträgen dazu verpflichtet, sich an den Vorgaben der WHO zu orientieren. Damit hat diese Unterorganisation der supranationalen UNO große Einfluss- und Eingriffsmöglichkeiten auf die Politik der Nationalstaaten erhalten!

- 2010 verfasste die Rockefeller-Stiftung ein Papier über eine (virtuelle) Epidemie mit einem „extrem virulenten Virus", das zu Wirtschaftszusammenbrüchen, extremen Quarantäne-Maßnahmen und der Errichtung „autoritärer Führungen" führen würde. Dabei wird diskutiert, inwieweit über eine Pandemie „totalitäre Substrukturen" in einer Gesellschaft aufgebaut werden könnten.
- 2012 erstellt die Berliner Bundesregierung ein Strategiepapier, in dem verschiedene Katastrophenszenarien durchgespielt werden, unter anderem eine Epidemie mit einem SARS-Corona-Virus.

- 2013 wird in *Nature Medicine* berichtet, dass es gelungen sei, harmlose Tierviren rekombinant durch Einfügen von Sequenzen aus anderen Viren aggressiver und humanpathogen zu machen; auf Deutsch: **Viren, die für den Menschen nicht schädlich waren, wurden zu Krankheitserregern umgewandelt.** Diese sog. chimärische Forschung ist eigentlich durch die Biowaffen-Vereinbarung der UNO von 1971 untersagt, die mit Ausnahme Israels, Syriens, Ägyptens und ein paar afrikanischer Staaten alle UNO-Staaten unterzeichnet haben. **Wer also macht so etwas, und noch mehr die Frage: warum und wozu?**

- Anthony Fauci war gesundheitspolitischer Berater mehrerer US-Präsidenten und Direktor der Nationalen Gesundheitsbehörde der USA. Auch in der WHO hat er maßgeblichen Einfluss. Er sorgte dafür, dass das gesamte Forschungsprojekt von North Carolina nach Wuhan umgesiedelt wurde!

- 2017 drohte selbiger Fauci dem neu gewählten amerikanischen Präsidenten Trump an, er würde demnächst Probleme mit einer Pandemie bekommen.

- 2018 findet in Europa ein großes ABC-NATO-Manöver unter dem Namen „**Coronat Mask**" statt – zwei Jahre vor Ausbruch der Pandemie! Wer kann mir das erklären?

- Im Oktober 2019 lädt Bill Gates prominente Gäste zu einer Simulation mit dem Namen *Event 201* über die pandemische Ausbreitung eines Corona-Virus ein. Er prophezeit weltweit 33 Millionen Tote in 250 Tagen.

Wenige Wochen danach beginnt die Corona-Pandemie in Wuhan. Alles nur Zufall, alles ohne Bedeutung? Wer das glaubt, glaubt sicher auch an den Weihnachtsmann.

Ist SARS-CoV2 nun in der Natur oder im Labor entstanden?

Inzwischen hat sich der berühmte Virologe und Nobelpreisträger Luc Montagnier offen positioniert: Das neue Corona-Virus sei ein Laborkonstrukt. Fledermaus-Viren seien durch Einfügen von Sequenzen des HI-Virus (AIDS-Virus) verändert und humanpathogen gemacht worden. Er dachte, dass jemand so vielleicht einen Impfstoff gegen Aids entwickeln wollte. Über weitere Ursachen spekulierte er nicht. Dennoch ergoss sich ein Shitstorm über ihn, von *Le Monde* bis hin zu allen möglichen höchst entrüsteten System-Kollegen.

Die offizielle Version bezüglich der Herkunft des Virus hat eine entscheidende Lücke. Sie kann nicht beantworten, wie und wo das Virus vom Tier auf den Menschen übergesprungen ist und insbesondere auch nicht, welches Tier der letzte Zwischenwirt vor dem Menschen gewesen sein soll. Auf der anderen Seite ist belegt, dass künstliche Sequenzen (aus dem HI-Virus) im Genom des neuen Virus zu finden sind, die laut wissenschaftlicher Zeugnisse bis hin zu Nobelpreisträgern nicht auf natürliche Weise in das Virus gelangt sein können. **Also ist das Virus offensichtlich keine Naturmutante, sondern labor- und somit menschengemacht!**

Wie aber ist das Virus aus dem Labor in die Außenwelt gelangt? War es ein Laborunfall oder war es Absicht - akzidentell oder intentional? In Frage kommen amerikanische und chinesische Labors. Wenn es akzidentell war, kommt das Virus mutmaßlich aus dem Labor in Wuhan. Dort ist es erstmals in Erscheinung getreten.

Wenn es intentional war, kommt es höchstwahrscheinlich nicht aus Wuhan. denn die Chinesen dürften kein Interesse daran haben, im eigenen Land eine Seuche auszulösen, deren Verlauf sie nur in begrenztem Maße steuern können. Sie sind auch nicht so dumm, dass sie eine solche Aktion ausgerechnet in Wuhan starten. Würde der Verdacht doch sofort auf sie fallen.

Wenn es eine beabsichtigte Aktion von irgendwelchen Amerikanern war, kann man davon ausgehen, das auch sie diese nicht nicht im eigenen Land, sondern in China starten würden, um den Verdacht auf die Volksrepublik zu lenken. Es war also entweder ein Laborunfall der Chinesen oder eine beabsichtigte Aktion irgendwelcher Leute aus den USA. Hundertprozentig wird man die Frage nicht beantworten können, ich glaube freilich, dass Letzteres der Fall ist.

Wer kommt in Frage und warum sollte er es getan haben? War es ein Individual-Terrorist? Er müsste hochwissenschaftliches Know-how für diesen Vorgang mitbringen, die Sicherheitsvorkehrungen umgehen können usw. – alles eher unwahrscheinlich.

Die amerikanische Regierung war es sicherlich auch nicht. Trump ist für einiges gut, dafür aber gewiss nicht. Auch hätte er bei einem künstlichen Laborprodukt von vornherein mit unberechenbaren Auswirkungen auch auf das eigene Land (und auch noch die eigene Person) rechnen müssen, was er nie in Kauf genommen hätte.

Höchst verdächtig dagegen sind gewisse Kreise, von denen ich schon mehrfach geredet habe und die sich seit Jahren sehr engagiert mit der chimärischen Virenforschung befassen. Warum arbeiten Leute an der Entwicklung solcher Viren? Nur aus Spaß? Oder nicht doch, weil sie irgendwann irgendetwas damit anfangen wollen? **Wer sich solche Biowaffen macht, will sie auch einsetzen!**

Ganz offen äußert sich hier Jacques Attali, ein ehemaliger Berater des französischen Präsidenten Mitterrand:

> „Da es mit dem Finanzcrash schiefgegangen ist, könnte eine gute kleine Pandemie unsere Führer dazu bringen, die Bildung einer Weltregierung zu akzeptieren."

Wer hat ein Motiv und wer hat sich in der Vergangenheit schon mit dem Thema näher beschäftigt?

Entscheidend ist das Motiv. Die Globalisten haben ein starkes Motiv, eine solche Pandemie zu inszenieren. Sie ist für sie, wie wir gesehen haben, ein ideales Instrument für die Transformation der heutigen Verhältnisse in einen totalitären Weltstaat mit einer Weltregierung, die von der UNO eingesetzt wird und in der die WHO die Funktion eines Gesundheitsministeriums innehat.

Für die Globalisten ist Corona eine große Übung, ein großer Test: zunächst im Hinblick auf die eigenen Strukturen. Es beginnt mit der Definition von Pandemie, der Festlegung der Pandemie-Stufe, der Umsetzung in den verschiedenen nationalen Behörden – ein Ausloten der Möglichkeiten: Wie weit kann man gehen, wie viel tolerieren die Menschen, wo beginnt möglicherweise der Widerstand? **Die gängige Methode der Globalisten – klassisches Beispiel die EU – ist: zwei Schritt *vorwärts*, einen *zurück* – ein dialektisches sich-Hochschaukeln zum angestrebten Ziel!**

Konkret geht es bei Corona um das, was im *Rockefeller*-Papier als Schaffung totalitärer Substrukturen bezeichnet wird: sozusagen eine Standby-Diktatur, die man je nach Infektionszahlen hochschrauben oder herunterfahren kann. Dabei gewöhnen sich die Menschen daran, nicht mehr der eigenen Wahrnehmung von Wirklichkeit zu vertrauen, sondern der Zahlenmystik der Regierung. Die „Infektionszahl" bekommt eine magische Dimension. Da können die Krankenhäuser leer sein, da muss man keinen einzigen Corona-Kranken in der eigenen Umgebung kennen, da mögen die Sterbefälle gegen Null gehen – wenn die „Infektionszahlen" in den Nachrichten hoch sind, muss Panik ausbrechen! Soweit muss man die Leute bringen.

Zu den totalitären Substrukturen gehören auch die Zwangsimpfung und eine totale Digitalisierung. Erstere öffnet die Tür für ungeahnte biologische Manipulation im Sinne des Transhumanismus. Sie schafft auch konkrete Möglichkeiten, gezielt Seuchen und Krankheiten in bestimmten Populationen zur Steuerung des sozialen und politischen Verhaltens einzusetzen. Mit einer Tröpfcheninfektion à la Corona-Virus, die immer ungezielt und unberechenbar bleibt, ist das nicht möglich. Corona kann also nur der Einstieg in größere Dimensionen sein.

In gleicher Weise gehört die totale Digitalisierung zur Grundausstattung einer neuen Diktatur. Nur eine total digitalisierte Gesellschaft kann total überwacht und total manipuliert werden. Daher muss die Digitalisierung lückenlos sein. Die Menschen müssen gegebenenfalls daran gehindert werden können, ihren Kühlschrank zu öffnen oder ihre Heizung einzuschalten. Dazu braucht man natürlich 5G, vielleicht auch 6G oder gar 7G?

Die wichtigste totalitäre Substruktur ist und bleibt das veränderte, vollständig manipulierte Bewusstsein der Menschen: Was die Regierung sagt, ist gut. Was die Regierung tut, ist richtig. Was die Regierung sagt, muss getan werden. Wer sich gegen die Maßnahmen der Regierung stellt, verhindert, dass Leben gerettet werden. Er gefährdet die Volksgesundheit!

Die Regierung will die Bürger disziplinieren. Der Münchner Oberbürgermeister Reiter führt eine Maskenpflicht auf dem Viktualienmarkt ein. Er begründet das nicht mit erhöhtem Infektionsrisiko, sondern damit, dass sich die Menschen am Wochenende auf dem Viktualienmarkt sehr schlecht benommen hätten. So etwas muss natürlich bestraft werden. Demokratisch gewählte Politiker spielen Obrigkeitsstaat. So etwas brauchen wir nicht. Diese Leute müssen weg.

Ich empfehle allen Lesern den Film „Die Insel". Er zeigt das Szenario, das die Apologeten einer Weltregierung im Auge haben: **eine dressierte Gesellschaft aus ideologisch gesteuerten Menschen-Schablonen!** Schauen Sie sich diesen Film an und vergleichen Sie ihn mit dem, was bei uns passiert! Wenn es den Regierenden gelingt, die Hälfte der Bevölkerung in diesem Sinn umzuerziehen, sie in einen solch wirklichkeitsverkennenden Wahn hinein zu manövrieren, dann haben sie und ihre globalistischen Strippenzieher das Spiel gewonnen. Wenn wir das verhindern können, gewinnen wir!

III. DIE WAHRHEITSDIMENSION DER POLITIK

Ich habe vier Fundamentaldimensionen des Politischen aufgezeigt: eine rassisch-ethnische; eine kulturell-religiöse; eine geopolitisch-nationale, in der sich das Meiste abspielt, was wir konventionell als „Politik" wahrnehmen; schließlich eine globalistische Dimension.

Fast alle politischen Phänomene sind mehrdimensional, also nicht nur durch eine dieser vier Dimensionen zu charakterisieren. Die Corona-Problematik spielt sich teilweise in der (dritten) geopolitischen und (vierten) globalistischen, vor allem aber in der fünften Dimension ab: dem Kampf um die politische Wahrheit! Die Wahrheitsdimension ist in allen großen politischen Fragen entscheidend. Sie ist der „Tempel der Wahrheit", in dem gemäß Sunzi die Kriege entschieden werden.

Was bedeutet das? Auf den ersten Blick sind es doch die Waffen (Raketen, Drohnen, Cyber-Kompetenz, KI), die Stärke der Truppen, die militärische Kriegsführung, die den Ausgang eines Krieges entscheiden. Was bedeutet also „Tempel der Wahrheit"? **„Tempel der Wahrheit" bedeutet, die Macht des Geistes über das Materielle, über das Politische, über das Technologische zu erkennen und anzuerkennen.**

Wenn wir auf unseren größten Feind schauen, die Globalisten, dann sind wir ihnen im Hinblick auf die Milliarden, die ihnen zur Verfügung stehen; im Hinblick auf die Medien, die für sie arbeiten; im Hinblick auf die Parlamentarier, die sie bestochen haben; im Hinblick auf die militärischen und polizeilichen Möglichkeiten, die sie sich erobert haben; im Hinblick auf all dies hoffnungslos unterlegen. Es wäre bescheuert, ja Selbstmord, hier überhaupt den Kampf aufzunehmen, wenn nicht – ja, wenn nicht was? Das ist die Frage aller Fragen, das ist die Gretchen-Frage: Gibt es eine Dimension, die über all dem Materiell-Technologischen steht? Gibt es diese religiöse Dimension oder gibt es sie nicht? Niemand weiß es, niemand kann es wissen. Man kann es *glauben* oder nicht glauben, *wissen* kann man es nicht!

Nur wer einen Glauben hat, der über das Irdische hinausgeht und ins Göttliche hineinragt, kann das Irdische überwinden und bezwingen. Wer diesen Glauben nicht hat, kann nur kapitulieren. Er muss den Menschen der Technik unterwerfen, muss die Grenzen zwischen Mensch und Technik auflösen und das Menschliche in der Technologie verramschen, wie es der sog. Transhumanismus tut, der höchster Ausbund einer materialistisch-totalitären Ideologie ist.

Der Teufel ist ein Wahrheitsrelativist. Er sagt: Die Wahrheit ist schön, aber was ist schon Wahrheit? Wer weiß sie? Sie ist irgendwo. Wir können sie nicht fassen, wir können nur in ihrer Umgebung herumstochern. Viele kennen vielleicht noch die sog. Ringparabel aus Lessings *Nathan der Weise,* in der als Quintessenz von Weisheit serviert wird, dass die Wahrheit nur für Gott reserviert sei – nicht für den Menschen! So heißt es da. Aber wir waren schon einmal weiter im christlichen Abendland. Denn im Christentum kann der Mensch sehr wohl die Wahrheit greifen, denn hier inkarniert sie, hier geht sie ins Fleisch. Hier bleibt Gott nicht über den Menschen, hier geht er in die Menschen hinein, wird selbst Mensch – die Menschwerdung Gottes, die Grundidee des Christentums! „Ich bin die Wahrheit", sagt der Gott im Fleisch, der Christus. Wir hatten diese große Religion. Bis zur französischen Revolution war sie bei uns an der Macht. Seither tun die Europäer alles, sie in allen möglichen kommunistischen Ideologien zu verramschen. Die aktuellste Variante der Verramschung ist die Ideologie der Menschenrechte.

Die offizielle Politik grenzt solche Fragen aus. Um Gottes Willen, das hat doch nichts mit Politik zu tun, sagt sie. Sie hat den großen Glauben verloren, auch wenn einige betrügerischerweise noch ein C im Namen führen. Wer aber keinen Glauben hat, ist un-glaub-würdig. Deshalb ist unsere offizielle Politik notwendigerweise unglaubwürdig.

Wenn wir also das Globale System angreifen, und die deutsche Politik ist ein durch und durch integraler Bestandteil des globalen Wallstreet-UNO-Systems, können wir trotz massiver technologischer und materieller Unterlegenheit dennoch gewinnen. Voraussetzung ist, dass dieses von uns attackierte System wirklich auf Lug und Trug gebaut ist. Wenn das nicht stimmt oder auch, wenn wir das nicht deutlich machen können, bedeutet das im Sinn von Sunzi, dass wir den Krieg gegen gegen das Globale System verlieren.

Die großen System-Lügen

Setzen wir uns also noch einmal mit den Grundlagen unserer deutschen und westlichen Politik auseinander!

Demokratie?

Es heißt, wir hätten eine „Demokratie". Das sollte erst einmal Meinungsfreiheit bedeuten: Gewaltfreies Äußern einer Meinung, ohne Aufruf zur Gewalt, muss ohne Wenn und Aber möglich sein. Das aber ist bei uns nicht der Fall. Etliche Menschen sitzen im Gefängnis, die bekanntesten sind Horst Mahler und Ursula Haverbeck, nur weil sie eine Meinung geäußert haben. Sie haben die Meinung geäußert, dass es das, was man politisch und geschichtlich bei uns als „Holocaust" bezeichnet, nicht gegeben habe. Das ist eine Meinung, und es ist im Sinn von Demokratie erst einmal egal, ob sie richtig oder falsch ist. Weil es nun bei uns Meinungsfreiheit geben muss, sagt die deutsche Justiz: Das sei keine Meinung, das sei eine Tat, das sei eine Straftat. Es ist aber eine Lüge, wenn man sagt, eine Meinung sei eine Tat. Man muss es offen aussprechen: Deutsche Gesetzgebung und Rechtsprechung rund um den Paragraphen 130 sind mit einem demokratischen Rechtswesen nicht vereinbar. Meinungsfreiheit wird hier in entscheidender Weise relativiert und der Charakter der deutschen Demokratie dadurch deformiert.

Humanitäre Zuwanderungspolitik?

Eine weitere System-Lüge, die schneller ins Auge springt als die vorherige, lautet: Unsere Zuwanderungspolitik sei humanitär begründet. Auch das ist falsch. Wäre sie es, würde sie den Menschen vor Ort helfen und den Herkunftsländern nicht auch noch die Leute wegnehmen, die diese selbst nötig für ihren Aufbau bräuchten. **Unsere Zuwanderungspolitik ist nicht humanitär, sondern ideologisch motiviert.** Im günstigen Fall geht es um die sogenannte **replacement-migration-Ideologie** der EU, im ungünstigeren um die Ideologie einer weltweiten Rassendurchmischung mit dem Ziel einer Einheitsrasse im

Sinne von Coeudenhove-Kalergi; im schlimmsten Fall um eine Wiederbelebung des sog. Hooton-Plans, einem von mehreren Vernichtungsplänen für Deutschland (Morgenthau, Kaufman, Nizer u. a.), die am Ende des Zweiten Weltkriegs in den USA diskutiert worden sind.

Die EU stärkt Deutschland?

Noch eine System-Lüge: Die EU stärke die politische und wirtschaftliche Kraft Deutschlands. Das ist kurzfristig falsch, weil die EU Deutschland politisch „einhegt" (Joschka Fischer) und wirtschaftlich durch gigantische Abgaben an Brüssel ausbeutet. Mittelfristig ist es noch falscher, weil durch die EU Deutschland nicht stärker gemacht, sondern abgeschafft werden soll, nämlich durch vollständige Integration in einen zentralistischen Superstaat. Die EU stärkt Deutschland nicht, sondern schafft es ab. Das ist die Wahrheit.

Der Kampf gegen Rechts – ein Konzentrat linker Lügen

Das ganze Lügengebäude des Globalen Systems konzentriert sich in seinem sog. Kampf gegen Rechts. Schon der Name fällt auf: Man kämpft nicht gegen Rechtsextremismus und schon gar nicht gegen Linksextremismus. Man kämpft „gegen Rechts" – also nicht mehr Mitte gegen Extreme, sondern Links gegen Rechts. Rechts ist schlecht und Links ist gut, womit klar ist: Die Linksextremisten sind bei uns an der Macht. Sie spalten die Gesellschaft in zwei Lager, sie stören die politische Rechts-Links-Balance, sie betreiben Ausgrenzung und Ausschaltung der Rechten – sie führen den Klassenkampf. **Wenn in einem Staat nicht mehr gegen Links-**

extremismus gekämpft wird, sind die Linksextremisten an der Macht!

Der „Kampf gegen Rechts" gründet vor allem auf vier Säulen:

- Kampf gegen Rassismus,
- Kampf gegen Antisemitismus,
- Kampf gegen Hassrede und
- Kampf gegen Verschwörungstheorien.

Rassismus

Mit „Rassismus" meint man Hass von Weißen gegen Farbige, vor allem Schwarze. Den umgekehrten Fall kann man sich gar nicht vorstellen, aber aus ihm „wird ein Schuh daraus". Heute ist nicht weißer Rassismus gegen Schwarze, sondern schwarzer Rassismus gegen Weiße das große Problem.

Schauen wir in die Schulen, auf die Straße, in die Jugendzentren: Werden türkische von deutschen Schülern gemobbt oder die deutschen von den türkischen? Na also!

Die aufgeblasenen Attacken gegen scheinbar weißen Rassismus sind im Wesentlichen eine Strategie der Zuwanderungspolitik:

Jeder, der sich gegen die von der Regierung betriebene Massenzuwanderung nach Europa stellt, wird vom System zum „Rassisten" gemacht. Durch permanente Angriffe auf die autochthone europäische Bevölkerung wegen ihres angeblichen „Rassismus" will man sie psychisch zermürben, sie weichklopfen, sie dazu bringen, ohne Widerstand zuzusehen, wie die letzten Schleusen geöffnet werden und sie selbst in der Flut von Millionen fremder Menschen ertrinkt. Das will man mit dem sog. Kampf gegen Rassismus erreichen. **Dieser Kampf des Staats gegen „Rassismus" ist ein Frontalangriff gegen die weiße Rasse und ihre Kultur!** Das ist die Wahrheit!

Antisemitismus

Antisemiten sind heute nicht mehr Menschen, die Juden hassen, sondern zum Beispiel Deutsche, die die ewigen Bekenntnisse deutscher Schuld leid sind und einen Schlussstrich im Erinnerungskult einfordern. Auch Leute, die in der Wallstreet ein Hauptübel der Weltwirtschaft sehen, macht man zu „Antisemiten", weil es an der Wallstreet ja viele jüdische Banker gibt!

„Antisemitismus" ist aus Sicht des Systems der schwerwiegendste politische Vorwurf, aber gleichzeitig der schwammigste und derart diffus definiert, dass man alles und jeden zum „Antisemiten" und insbesondere unliebsame Politiker damit mundtot machen kann.

In der Zwischenzeit haben wir in allen 16 Länderparlamenten und auch im Bundestag Antisemitismus-Beauftragte, die nichts anderes tun, als von morgens bis abends nach Antisemitismus in Deutschland zu suchen. Das größere Problem in der deutschen Gesellschaft ist heute nicht der Antisemitismus, sondern die Suche nach ihm.

Interessant und nachdenkenswert ist im Übrigen, dass Antifa-Kommandos häufig mit Israel-Fahnen auftreten und jüdische Organisationen wie die ADL (Anti-Defamation Leage) und andere es als „antisemitisch" betrachten, wenn die Antifa oder ihr Symbol, die schwarzrote Doppel-Flagge, angegriffen werden!

Hassrede

Hassrede ist ein relativ junger Vorwurf im Arsenal der Anti-Rechts-Kämpfer. YouTube hat z. B. zwei meiner Videos wegen „Hassrede" aus dem Netz genommen. Man hat sich gar nicht bemüht, das zu belegen. Letztlich ist schon ein Hassredner, wer politisch nicht regierungskonform ist und mehr als 100.000 Aufrufe mit einem Video erzielt.

Der Vorwurf der Hassrede ist noch beliebiger als der des Antisemitismus. Hass kann man überhaupt nicht messen. Aggressives Herumgrölen im Netz oder wo auch immer hat meist mehr mit mangelnder Selbstbeherrschung als mit Hass zu tun. Richtig gefährlich ist eher ein stiller verschlagener Hass, der sich hinter einer freundlichen Miene verbergen kann.

Auch Hass ist letztlich Ausdruck einer Gesinnung, und im Strafrecht eines Rechtsstaats darf es nicht um Gesinnung, sondern muss es um Straftaten gehen. Gesinnungsjustiz ist ein Charakteristikum totalitärer Staaten. Mit der großzügigen Einführung des Hasses ins Strafrecht öffnet man der Gesinnungsjustiz Tür und Tor und läutet das Ende einer demokratischen Justiz ein.

Verschwörungstheorie

Beim Vorwurf der „Verschwörungstheorie" geht es darum, dass die Systemmedien, also die Relotius- und Antifa-Medien, ihr Wahrheitsmonopol gefährdet sehen. „Verschwörungstheoretiker" ist, wer wichtige Ereignisse und Phänomene grundsätzlich anders als die Systemmedien erklärt. Der Begriff ist kein Argument, sondern ein Etikett. Diskussionen, die so geführt werden, sind Etikettierungen und inhaltsleer – letztlich eine inhaltliche Bankrotterklärung.

Man wird auch dieses Buch als „Verschwörungstheorie" verteufeln. Aber es wird in die Hose gehen. Wenn Leute wie D. Rockefeller selbst über eine Weltregierung schwadronieren, ist das keine Verschwörungstheorie, sondern etwas, dem man nachgehen sollte! Wenn Nobelpreisträger wie Montagnier das neue Corona-Virus für ein Laborkonstrukt halten, ist auch das keine Verschwörungstheorie. Und wenn man aufzeigt, wie mit Zahlen die Menschen systematisch in die Irre geführt werden, dann ist man kein Verschwörungstheoretiker, sondern deckt eine tatsächliche Verschwörung auf. **Die professionellen Anti-Verschwörungstheoretiker, diese Relotius-Typen und Antifa-Komplizen, sind die Hilfstruppen der großen Weltverschwörer.**

Zusammenfassung

Die Kommunisten sprechen vom „ideologischen Kampf", manche vom „Krieg der Worte" – wir nennen es den Kampf um die Wahrheit, und die entscheidende politische Wahrheit ist: **Der Linksextremismus in Gestalt eines neuen schwarz-rot-grünen Kommunismus ist die größte Gefahr für unseren Staat und unsere Gesellschaft, nicht der Rechtsextremismus.**

Linksextremisten sitzen an Schalthebeln der Macht, mit ihrer Amadeu-Stiftung und über die Antifa gestalten sie schon entscheidend die Nachrichten der *Tagesschau* mit. Nicht zuletzt ist Frau Merkel, wie ihre Politik täglich zeigt, in ihrem Innersten linksextremistisch, nämlich ein kommunistischer DDR-Kader geblieben. Mit ihrem „Kampf gegen Rechts" stellen die Linken die

Wahrheit auf den Kopf. Noch einmal auf den Punkt gebracht:

1. Nicht der Rassismus der Weißen, sondern der der Schwarzen ist das Problem.
2. Wir brauchen nicht Beauftragte für Antisemitismus und Judenfeindlichkeit, sondern solche für Deutschenfeindlichkeit.
3. Nicht die kleinen Hass-*Redner* bei Facebook zerstören den Zusammenhalt in unserer Gesellschaft, sondern die großen Hass-*Täter* in der Regierung.
4. Schließlich sind es nicht abstruse Verschwörungstheoretiker im Internet, die den globalen Staatsstreich planen und über Corona vollenden („krönen") wollen, sondern die großen Verschwörer des globalen Wallstreet-UNO-Systems.

Wo findet dieser Kampf um die Wahrheit statt?

Wo sind sie nun, die „Tempel der Wahrheit", die den künftigen Krieg entscheiden? Religion und Politik haben sich heute eigenartig vermengt: Religion relativiert sich immer mehr politisch, und Politik setzt sich immer mehr religiös absolut. Die Tempel der Wahrheit im alten Sinn gibt es nicht mehr. Sie sind heute überall: in politischen Versammlungen, in den Medien (Talkshows etc.), in den Parlamenten, nicht zuletzt in den sozialen Medien.

IV. STRATEGIE

Genau genommen sind wir schon im Krieg. Es ist ein Krieg von oben nach unten: eine Revolution der Eliten gegen die Völker und ihr Selbstbestimmungsrecht – ganz wie es David Rockefeller verkündete. **Corona ist die Kriegserklärung des Systems an seine Untertanen.** Das muss man sich bewusst machen, sonst hat man keine Chance, diesen Krieg zu gewinnen. Auch hier verkündet der chinesische Meister Sunzi Wichtiges:

> Wenn zwei Parteien Krieg führen, aber nur die eine sich dessen bewusst ist, die andere sich dessen aber nicht bewusst ist, dann siegt in der Regel immer die, die sich der Tatsache eines Krieges bewusst ist.

Von daher ist es für das System wichtig, dass in der Bevölkerung nicht das Bewusstsein eines Krieges aufkommt – dafür zu sorgen ist vor allem die Aufgabe der Medien - und der hässliche Begriff *Verschwörung,* der eine geheime Kriegsführung unterstellt, darf schon einmal gar nicht auftauchen.

Eine Verschwörung, die als solche erkannt wird, bevor sie ihr Ziel erreicht hat, ist ja eigentlich keine Verschwörung mehr. Sie hat ihren entscheidenden strategischen Vorteil, die Geheimhaltung, die Überraschung, eingebüßt! Will man also die Verschwörer entscheidend schwächen, dann muss man sie ins Rampenlicht der Öffentlichkeit zerren. Wenn ihre Medien dann aufjaulen und geifern, weiß man, dass man sie getroffen hat und der ertappte Verschwörer wird zum gewöhnlichen Put-schisten. Er muss sich rechtfertigen, er gerät in die De-fensive.

Wir sind Leuten wie David Rockefeller und Co. dank-bar, wenn sie sich eine Blöße geben und aus dem Näh-kästchen plaudern. Für uns sind diese Zitate eine un-schätzbar wertvolle Munition, die wir immer und immer wieder einsetzen müssen – vor allem dann, wenn uns der politische Gegner als verrückt und als Verschwörungs-theoretiker abzutun versucht.

Der Widerstand wird sich auf die Straße verlagern

Sobald der Kampf um die Wahrheit die Stuben und Säle verlässt und auf die Straße geht, kann man von Anfän-gen eines Bürgerkriegs sprechen, zumal wenn Gewalt eingesetzt wird, wenn es zu Verhaftungen kommt usw. Bezüglich des Weges gibt es zwei Möglichkeiten:

1. einen vorwiegend parlamentarischen Kampf und
2. einen vorwiegend auf der Straße geführten Kampf, der mehr und mehr zum Bürgerkrieg werden kann.

Bezüglich des Ergebnisses gibt es auch zwei Möglichkei-ten:

a) eine globale Diktatur in einem Weltstaat mit Welt-regierung durch einen Sieg des Globalen Systems; oder
b) das Fortbestehen und die Weiterentwicklung der nationalen Demokratien durch einen Sieg der na-tionalen Staatsvölker.

Wenn man sich einen totalitären Weltstaat vorstellt, denkt man unwillkürlich an einen Staat von der Art des heutigen China, und das zu Recht! Konkret müssen wir uns also entscheiden: Wollen wir eine chinesische Diktatur oder eine nationale Demokratie?

Insgesamt gibt es demnach vier Möglichkeiten: 1a, 1b, 2a und 2b.

Diskussion der vier Möglichkeiten

1b wäre natürlich die schönste Möglichkeit. Sie ist aber die unwahrscheinlichste. Nie und nimmer werden die Vertreter des Globalen Systems auf ihre Macht, auf ihren Reichtum und auf ihre Privilegien freiwillig verzichten – zumal sie auf dem Weg der vollständigen Machteroberung schon so weit fortgeschritten sind!

Auch würde der Erhalt der nationalen Demokratie auf parlamentarische Weise eine starke parlamentarische Führungskraft voraussetzen. Dafür wurde die AFD eigentlich gegründet. Was freilich daraus geworden ist und heute existiert, ist Lichtjahre davon entfernt, eine solche politische Aufgabe übernehmen zu können.

Exkurs über die AfD

1. Diese Partei wird vollständig vom Verfassungsschutz gelenkt. Er bestimmt, wer in ihr Mitglied sein darf und wer nicht und was gesagt werden darf und was nicht. Der Bundesvorstand setzt die Vorgaben des Verfassungsschutzes 1:1 um. Das begann schon zu Petrys Zeiten, Meuthen hat diese Kooperation exzessiv optimiert.

2. In der Partei hat ein zionistischer Putsch stattgefunden: Noch 2014 im zweiten Krieg Israels gegen den Gaza hat man die Israel-Frage offen gehalten: Auch

eine Positionierung für die Palästinenser oder eine neutrale Positionierung war möglich. Jetzt versteht sich die Partei, unwidersprochen von der Basis, als „durch und durch pro-jüdisch und pro-israelisch" (Meuthen) und will „für Israel kämpfen und sterben" (Gauland). Wer diese Position nicht vertritt, wird ausgeschlossen - siehe Urteil des AfD-Bundesschiedsgerichts gegen mich!

3. Das Führungspersonal, insbesondere Meuthen und Weidel, haben der Partei einen Spendenskandal beschert, der mehrere hunderttausend Euro schon gekostet hat und noch kosten wird. Die Verantwortlichen wurden nicht zur Rechenschaft gezogen. Meuthen und Weidel wurden sogar trotz dieser Sachlage jeweils mit über 70 % der Stimmen wieder in den Bundesvorstand gewählt!

4. Bis zur Stuttgarter Landtagskrise 2016 (Aufspaltung der AfD-Fraktion) war die Partei ein „gäriger Haufen", wie Gauland das nannte. Es wurde heftigst diskutiert, und unterschiedliche Positionen waren möglich. Heute ist diese Partei in weiten Teilen ein Dumpfbacken-Verein. Man schaue sich noch einmal den Videofilm vom Bundesparteitag in Braunschweig (November 2019) an! Die eine Hälfte führte sich bei meiner Rede auf wie der politische Mob der Antifa, die andere Hälfte schwieg. Sie schwieg, allen voran Herr Höcke aus Thüringen, so laut, dass es noch mehr wehtat als das Gegröle der anderen.

Wenn die Partei in einer solchen Situation die „Einheit" beschwört, hat sie nichts verstanden. Von „Spaltung" müsste sie reden, und zuallererst müsste sie, wie schon

gesagt, den Meuthen, die Weidel und die Storch rausschmeißen! Wenn sie das in den nächsten Monaten nicht
schafft, kann man diese Partei vergessen. Dann ist sie
auch nicht mehr wählbar. Dann ist sie nicht nur fünftes
Rad am Wagen der Parteien, dann wird sie mehr und
mehr zum Trojanischen Pferd der Opposition. Es fehlt in
dieser Partei an allem: an Ehrgefühl, an Korpsgeist, an
Idealismus, und von den Mandatsträgern sind meiner
Schätzung nach an die 80 % von der institutionellen
Korruption mehr oder weniger verdorben.

Sieben Basisforderungen für eine wirksame und notwendige Oppositionspolitik

Auch politisch-inhaltlich ist die AfD eine taube Nuss. Ich
habe in den letzten beiden Jahren immer wieder darauf
verwiesen, dass die Partei sich jetzt nicht mit Renten- und
Verkehrsproblemen beschäftigen sollte, sondern sich auf
wenige entscheidende Punkte konzentrieren müsse. Unter
anderem habe ich in YouTube-Videos die aktuellen
Grundsatzpfeiler einer alternativen Politik dargelegt. In
diesen Punkten muss sich die AfD profilieren, hier muss
sie große gesellschaftliche Diskussionen initiieren, wenn
sie denn je eine führende politische Kraft in der deutschen
Politik werden will!

- Systematische Massenabschiebungen und Siche-
  rung unserer Grenzen durch die Bundeswehr
- Austritt aus der EU – so schnell wie möglich
- Für eine Bündnis mit Russland und den Abzug aller
  ausländischen Truppen aus Deutschland.
- Kein Sonderstatus für Israel – für uns ein Staat wie
  jeder andere

- Für einen Schlussstrich in der Erinnerungskultur, gegen den ständigen Missbrauch des Antisemitismus-Vorwurfs!
- Für umfassende Meinungsfreiheit und die Abschaffung von StGB § 130!
- Keine Zwangsimpfungen und Schluss mit dem Impfterrorismus!

Schließlich gilt es, aktiv mit den richtigen Forderungen in die Anti-Corona-Politik einzugreifen. In der Hochzeit der Krise war von der AfD nichts zu hören und zu sehen. Während ich am 19.3.20 im Parlament die Regierungspolitik als „ungezielt und unverhältnismäßig" attackierte und von einem „eleganten Weg in die Diktatur" sprach, forderte AfD-Bundessprecher Meuthen am nächsten Tag (20.3.) auf Twitter den totalen Lockdown! Jetzt versucht die AfD auf den fahrenden Zug aufzuspringen, aber eher halbseiden, wie es der Qualität ihres Führungspersonals entspricht.

Friedlich-parlamentarisch in die Diktatur?

Zurück zu unserer Zukunft: Auch die Möglichkeit 1a ist eher unwahrscheinlich, denn bei aller politischen Einfalt und Gutmütigkeit der Deutschen ist nicht zu erwarten, dass sie sich widerstandslos in eine totalitäre Diktatur einfügen und versklaven lassen. Die Frage ist nur, ob sie noch rechtzeitig erwachen, und das liegt vor allem an uns, das heißt den national eingestellten Eliten.

Bürgerkrieg?

Wenn es zum Bürgerkrieg käme (Möglichkeit 2a und 2b): Wie würde er ablaufen, wie ausgehen, und nicht zuletzt: Wie würde er anfangen?

Der Staat hat mit den diktatorischen Maßnahmen seiner Corona-Politik den ersten Schritt gemacht. Den nächsten Schritt könnten die Antifa und die Heere der Migranten tun; vor allem dann, wenn sie ihre Sozialtransfers vom Staat nicht mehr erhalten, weil dieser selbst pleite ist.

Irgendwann wird dann auch die deutsche Noch-Mehrheit im Land auf die Straße gehen. Von den staatlichen Corona-Maßnahmen zermürbt und durch die Kollateralschäden dieser Politik in Arbeitslosigkeit und Armut gestürzt, wird sie es zunächst auf jeden Fall gewaltfrei versuchen. Es wird zu großen Montagsdemonstrationen à la 1989 kommen, die immer größer werden, siehe DDR! Wenn dann Millionen auf den Straßen sind und immer mehr anfangen, sich an den französischen Gelbwesten zu orientieren, wird die Sache für die deutsche und Brüsseler Politik brenzlig. Es stellt sich die Frage der Gewalt: Wird der Staat gewaltsam versuchen, die großen Demonstrationen, die ihn bedrohen, zu zerschlagen?

Aber dann wird es noch problematischer für die Berliner Akteure: Wie sehr können sie sich auf Polizei und Bundeswehr verlassen? Wie sehr sind diese „rechts unterwandert" oder gar „von Grund auf rechts orientiert"; wollen eben keinen Linksstaat, sondern am Rechtsstaat festhalten? Natürlich versucht die schwarz-rot-grüne Einheitspartei in Berlin fieberhaft, das zu ändern, indem sie wie besessen „rechte Netzwerke" zerschlägt und massenhaft Migranten in Polizei und Bundeswehr einschleust. Aber das braucht Zeit, viel Zeit, und so viel Zeit haben sie nicht mehr.

So könnte es durchaus sein, dass im entscheidenden Augenblick größere Teile der Polizei und auch der Bundeswehr nicht auf die deutschen Demonstranten losgehen, sondern sie womöglich unterstützen. Entscheidend sind dann die US-NATO-Truppen. Wird Donald Trump vielleicht in der nächsten deutschen Revolution zum amerikanischen Gorbatschow, der den Einsatz der Truppen in Europa verweigert? Vielleicht ist auch die Situation in den USA und den anderen NATO-Staaten dann so, dass diese mit ihren eigenen Problemen genug zu tun haben und nicht mehr in der Lage sind, andernorts, z. B. in Deutschland, noch militärisch einzugreifen.

Ein solches Bürgerkriegsszenario wollen wir alle nicht. Aber wie es aussieht, wird es kommen. Dafür sorgt nicht zuletzt die Corona-Politik der Globalisten und ihrer Ableger in Brüssel und Berlin; und wenn Söder sagt, er habe Angst vor einer „Corona-Pegida", dann hat er schon das richtige Bauchgefühl. Je mehr sie an ihrer desolaten Politik festhalten, desto schlechter werden sie demnächst schlafen, die Herrschaften in Brüssel und Berlin!

Wie werden sich die Linken und die Islamisten verhalten?

Wir müssen uns auch fragen, welche Rolle die Linken und ihre Antifa spielen werden und welche die muslimischen Parallelgesellschaften mit ihren islamistischen Protagonisten?

Die Entmachtung der Wallstreet ist eigentlich eine urlinke Idee. Zwischen 2012 und 2015 gab es immer wieder entsprechende Aktionen. Vor allem die Blockupy-Bewegung demonstrierte in Frankfurt massiv und militant gegen die Wallstreet. In den letzten Jahren ist diese Bewegung weitgehend verkommen. Es ist den Globalisten gelungen, diesen Protest in eine national selbstmörderische Richtung zu lenken: nicht mehr gegen die Wallstreet, sondern nur noch gegen „Besserverdienende" und vor allem in den „Kampf gegen Rechts", so dass Linke und Antifa heute nicht mehr in der Wallstreet, sondern in der rechten nationalen Opposition ihren größten Feind sehen. Das ist durch und durch im Sinne der Globalisten, die wollen, dass sich rechte und linke Opposition in den verschiedenen Staaten selbst zerfleischen.

Man muss sehen, ob man die Linke spalten und zumindest einen Teil von ihr dazu bringen kann, sich neutral zu verhalten. Denn es kann ja nicht das Ziel echter Linker sein, auf Seiten der Wallstreet die rechte Opposition zu zerschlagen.

Islamismus, Parallelgesellchaften, Migranten

Ähnliches gilt auch für die Islamisten. Auch deren Hauptfeind ist nicht die rechte nationale Opposition, sondern das Globale System, dass unter anderem hauptverantwortlich für die Zerstörung des Nahen Ostens ist. Wir müssen also ausloten, wie weit man zumindest mit den nicht expansiv orientierten islamischen Kräften ein Friedensabkommen trifft, so dass auch sie sich zumindest nicht aktiv auf Seiten des Wallstreet-UNO-Systems engagieren.

Ein großes Problem für die deutschen Montagsdemonstranten werden die zahllosen zugewanderten Bürgerkriegssoldaten aus Afrika, Syrien und Afghanistan darstellen. Man wird sie nicht uniformieren, aber es besteht die Gefahr, dass sie sozusagen als Kettenhunde des Systems auf Demonstrationen losgelassen werden. Wie weit sie sich dabei vom System steuern lassen, ist eine andere Frage. Auf jeden Fall sind gegen solche Angriffe Vorkehrungen zur Selbstverteidigung angezeigt.

Es ist kein Zufall, dass die Globalisten mit Corona einen regelrechten Blitzkrieg führen und die Bevölkerung damit förmlich überrumpeln. Man geht abends in einer Demokratie ins Bett und wacht morgens in einer Diktatur auf. Die Globalisten wissen, dass sie nicht viel Zeit haben und dass große Menschenmassen auf den Straßen, wenn sie denn einigermaßen gut geführt werden, politisch schwerer wiegen als noch so viel Geld.

Die AfD ist sicherlich nicht diese gute Führung, die es bräuchte. Es ist zu befürchten, dass sie im entscheidenden Augenblick abwiegelt und versucht, die Bewegung im Sinne des Systems zu „domestizieren". Ob noch genügend Zeit ist, eine Alternative zur AfD aufzubauen, ist zwar nicht wahrscheinlich, aber auch nicht unmöglich. Sollte sich am jetzigen Zustand der AfD nichts wesentlich in die richtige Richtung ändern, wäre es dringend angezeigt, zur nächsten Bundestagswahl noch eine Alternative zu dieser AfD-Alternative aufzustellen! Wir müssen uns hier sehr schnell entscheiden!

Vorerst geht es darum, dezentrale Strukturen nach dem Vorbild der Pegida-Gruppen aufzubauen, die entsprechende Demonstrationsinitiativen zu entfalten und sich sekundär über zentrale Koordinationsräte und Ähnliches national zu vernetzen.

Die westlichen Eliten und ihr Globales System wollen, wie wir von Rockefeller wissen, die nationalen Demokratien abschaffen. Sie wollen sie durch supranationale Strukturen ersetzen. Aber die Sache ist noch nicht entschieden, denn der Globalismus hat seinen Höhepunkt überschritten und die nationale Idee erlebt eine Renaissance.

Die Nationalstaaten sind durchaus in der Lage, den Corona-Staatsstreich zum Scheitern zu bringen und sich vom Wallstreet-UNO-Diktat zu befreien. Sie könnten ihre nationale und demokratische Selbstbestimmung zum Wohl der großen Mehrheit ihrer Völker weiter ausbauen und gestalten.

SCHLUSS

Schützt sich die Wahrheit durch ihre Unglaublichkeit?

Das Corona-Projekt ist ein politisch-wirtschaftlich-soziales globales Projekt unter Führung westlicher Eliten. Es ist durch mediale Manipulation und Indoktrination konstruiert und gesteuert. Medizinisch ist es zu 80 % ein Phantom, mit dem die Menschen in Angst und Panik und einen regelrechten Wahn versetzt werden.

Wirtschaftlich bedeutet es ein Vernichtungsprogramm für die nationalen Volkswirtschaften, insbesondere für den Mittelstand, und politisch die Einführung einer Diktatur durch die Hintertür mit *Stand-by*-Modus.

Ziel ist eine große globale Transformation, in der die national selbstbestimmten demokratischen Staaten aufgelöst werden. D. Rockefeller spricht von „Bankern und Intellektuellen", die stattdessen die globale Macht übernehmen sollen. Wir stehen vor einem gewaltigen globalen Staatsstreich der Wallstreet-Plutokraten und der UNO-Kommunisten. Sie wollen EINE Weltregierung, EINEN Weltstaat, EINE Weltrasse, EINE Weltreligion: sie wollen die EINE Welt, in der sie die Eine Macht ausüben – sozusagen ein säkularisierter totalitärer „Monotheismus".

Ist das, was ich hier formuliere, eine mega-abstruse Verschwörungstheorie, das Produkt wahnkranker „rechter" Hirne mit sozial zersetzenden teuflischen Fantasien?

Oder ist es die Wahrheit, die große Wahrheit in ihrer Unglaublichkeit, von der der große griechische Philosoph Heraklit sagt, dass es gerade diese Unglaublichkeit ist, mit der sich die Wahrheit vor ihrer Enthüllung schützt?

Diese Frage muss sich der Leser nach Lektüre des Buches selbst beantworten.